大展好書　好書大展
品嘗好書　冠群可期

大展好書　好書大展
品嘗好書　冠群可期

血型系列

6

血型與職業

萬年青／主編

品冠文化出版社

目錄

第三章　由血型看領導人的條件

第四章　各種血型的相處之道

第一章　血型運用在職業的時代來臨了

歷史證明了「人類血型學」的重要

近年來，人類血型學的發展一日千里，令人無法置信。無論家庭、公司、大學校園，甚至小學生之間，血型已成為最熱門的話題。一些社交場合或私人聚會，血型也是人們津津樂道的最佳話題。

事實上，二十多年前就證實了血型與人類的性格、行為傾向、運動、才藝、政治經濟等有密不可分的關係，只是以前單把血型運用在輸血及搜查罪證方面。

如今血型已廣泛運用在戀愛、婚姻以及朋友、同事的人際關係上。此外，職業棒球等運動項目及藝術方面，也常用血型來觀察、分析、批評。

商業上也不例外。在人事管理、商業開發、宣傳、銷售、提高效率等各方面，也開始利用血型分析法。

一塊璞玉都需要琢磨才能成大器，一位優秀的人才，更需要配合他的個性，加以訓練教導，才能發揮所長。

許多擁有尖端技術的企業，目前都收集資料，一面考慮血型的特性，一面擇才而用，這樣的經營戰略，比不這麼做的公司，顯然要勝過許多。

甚至在外國的媒體也有「血型與性格的關係」這種節目，引起觀眾熱烈的回響。目前新興的人類科學，不以個人的主觀來妄下結論，擺脫過去的性格分類及人類行為上膚淺的分析、評價、重新出發，而建立權威。

我們所應做的就是，收集有關資料，互相交換心得，學習對人類社會有實用的知識，不斷觀察、分析，再做結論。

不可否認地，目前許多大眾傳播媒體，甚至學者專家，在對事實沒有正確的研討之前，就抱著主觀的態度來批評血型與性格之間的關係，這簡直是無稽之談。筆者對他們也只能敬而遠之，別無他法。

血型的研究，在人類科學的範疇中，的確扮演著重要的角色，相信日後在歷史上必會得到證明。

與大眾息息相關的人類科學——血型

回顧二十多年前，那時候的血型學尚停留在巫術占卜的階段，無法躋身於科學之林。我們在前面提過，今天少數人對血型學仍存有許多偏見與誤解，而影響它的發展。不過，近幾年來已有些明顯的改變，社會大眾對血型學接受的程度實令人瞠目結舌，目前血型學已成為與大眾息息相關的一門重要科學，正廣泛地應用在各方面。

在血型學普遍受到人們矚目的時候，另一方面也藏著極大的隱憂。大家似乎只注意血型運用在個性上，而忽略了其他方面。各種書本、雜誌、電視、收音機紛紛介紹各種血型的性格特徵，甚至因此批評人的性格。

例如：O型的人大部份不值得信賴，A型人有神經質，B型人意志薄弱、AB型人善變……。每個人幾乎對血型分析都能朗朗上口，因而漸漸有了某種的偏見。

人的性格、行為、社會現象的力本說（Ly namism），絕不限於表面的表現而已。血型與性格的關係，也絕不是一門普通的學問，必須深入探索血型與人格之間的差異，研究複雜性格的理絡，掌握其共同傾向或血型類別的差異，才能發展出一套了解自己及了解別人的理論。

本書所介紹的血型與職業的關係，就是基於這種原則而產生的。希望讀者能參照本書，研究出那種血型具有領導能力，那種血型富有團隊精神而充分地加以活用。

另外，在職業上，血型學究竟如何產生？如何運用。本書將會介紹幾個實際的例子，並以本田汽車公司的崛起為例，加以印證。

本田汽車公司的崛起

以本田技術公司於一九八一年開發的機種「城市號」（City）為例，自上市以來即普遍受到人們喜愛，同年十一月起至一九八四年六月為止的銷售量，共計二十六萬四千六百五十六輛。

有些讀者可能不太了解這一車型的性能，以下就略為介紹一下。車身全長三公尺三十八公分，除了輕型轎車外，在當時，日本車中可說是最迷你的。高一公尺五十七公分，乍看之下就像是一個足球。

車型共有四種。R、E是屬於五人座車。T、F是貨車，後座可載三千公斤重的貨物。T型後部完全是行李座。F型的後面可更換為普通座席，很受年輕人歡迎的是裝有十六吋揚聲器，以冷卻箱代替冰箱。它一共有十六個冷卻箱。

此外，同時展出的「本 combination」型，也稱為旅行者，是四十五公斤折疊式輕型迷你摩托車。和「城市號」是同一組的商品，非常搶眼，就像是城市號的附屬行李箱一樣。

城市號加旅行者，四輪乘二輪，使您享受八倍的樂趣——如此的廣告詞，是本田的宣傳技巧，年輕人看了莫不怦然心動。

※　※　※

許久以前，本田技術工業的年輕職員經常抱怨：「沒有適合我們的座車。」喜美和亞克固然也是不錯的廠牌，但總覺不夠朝氣，而且似乎缺少吸引力。

於是職員們組織了一個「城市號」的研究小組，希望能製造出「經濟、清爽、

本田城市號開發小組的血型關係

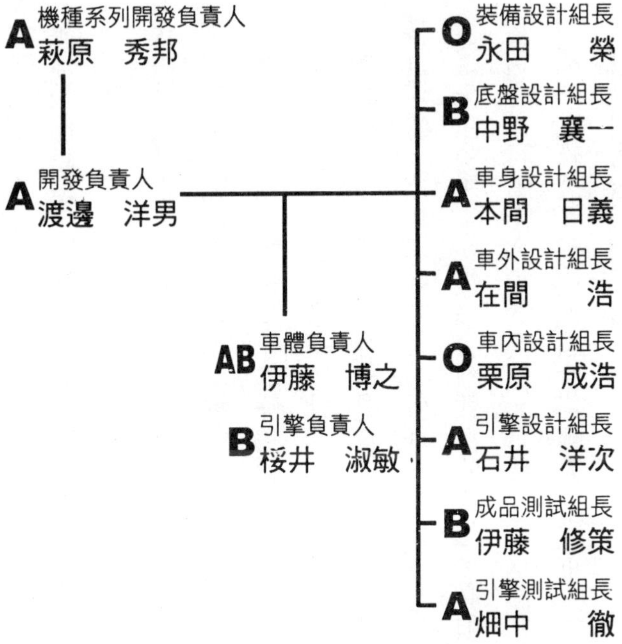

又拉風的座車」。

本田技術公司常為開發新產品組成小組來專門研究。因為城市號是針對年輕人而設計的，所以小組的成員和領導人都以年輕人為主。一九七七年小組成立時，平均年齡僅二十七歲而已。

二十幾歲和三十幾歲的研究員，共同相處了一天一夜，才在吵吵鬧鬧中決定了「全新的城市號」的構想。

研究開發部門的領導人是渡邊洋男先生(四十歲)，他是屬於追求完美主義的A型人。

足球型的車型，其構想主要來自渡邊先生的設計。另外一位功臣是外型設計負責人，同屬A型的在間浩先生（三十四歲）。在間浩先生看到草圖時，就想到「如果這樣設計的話……」因而決定了車型。

本田技術研究所對這種車型解釋如下：

「底特律汽車工業所要求的完美目標是車身低、長且寬，這無疑是海市蜃樓的幻想罷了。因為要純粹講求基本性能的話，容積、效率等都該列入考慮的範圍。要外型（表面積）儘量嬌小，容積儘量擴大，則球體最適合不過了。所以，車型要儘可能接近球體，才能達到完美的目標。」

渡邊先生也說：「提高容積效率的構想，必須與球體相結合。」

從這番話可看出A型的理性。足球型的車體是站在消費者的立場，希望研究改良出一種「既經濟又輕快，適合年輕人的座車」，而不要標新立異，所以，這個構想很快就獲得大眾熱烈的贊成。

負責車內設計的是O型的栗原成浩先生（三十九歲）。他堅持的原則是「符合消費者的意願及合理性」，因為年輕人喜愛變化，當然希望能有多種用途，先掌握基本原則，再考慮細節。一般標準設備是收音機、時鐘等，城市號有自由選擇的權利，以O型的個性來看，栗原成浩先生大膽的捨去許多不必要的東西。

栗原不太迷信「應該裝什麼東西」的論調，相反地，每次發言都堅信「自己的想法最好」，他還說：「我最滿意的地方是加上旅遊人士專用的廁所。只是一個小小的改變，就可以解決助手席上握住方向盤時，伸長手臂的不便，但真正實用的東西還是保留下來。」

理念派的A型與現實派的O型攜手合作，終於創造出以實用為主，又不失旅遊樂趣的座車。

B型的研究員負責引擎及測試「性能」方面的工作，譬如櫻井淑敏主任就是引擎部門的負責人。他為了提高引擎熱效率，第一個把壓縮比提高至十。

以前要提高引擎的效率，一般的常識是增大孔徑，縮短衝程，可是他卻把孔徑縮小，衝程增長，因而總排氣量的燃燒室容積比率縮小。

其中一些技術性的問題，我們姑且不談，不過，此創舉的確在企業界引起一陣騷動，有人稱之為「引擎革命」。B型的優點是不遵循傳統、自創風格，再加上本能的彆扭脾氣，負責引擎的工作，實在是再適合不過了。或許這也是城市號致勝的另一因素。

最佳血型拍檔

以整體來看，顯然A型的比例佔絕大部份。全部十二人當中，A型有六人，佔了半數之多。其餘是B型三人、O型二人、AB型一人。

買車不像買日常用品那麼簡單，不僅價錢昂貴，還要考慮到機能問題。就這一點而言，與其買一部標新立異的車子，不如買一部實用的划得來。

城市號所標榜的口號是「尋求另一個居住空間」，而旅行者的廣告詞是：「車子拋錨時，可換騎摩托車繼續前進，攜帶方便、用途廣。」使人一目瞭然。城市號開發小組以富有改良能力又有服務精神的A型為領導人，可謂相得益彰，所以，新產品一推出立即博得大眾喝采。

換個角度來看，如果以B型和O型為主的話，會發揮更好的效果也不一定，只是可能也會失去另一方面的優點。

管理這個小組的負責人，是機種系列開發負責人，A型的荻原秀邦主任（五十二歲）。他是開發小組中唯一的「老人」。

在小組組成之初，荻原先生曾下了一道嚴格的命令：「年輕人的車必須由年輕人去做，老人不准插手。」他本身除了對價格提出建議之外，其他一概不問。

A型一向被認為是謹慎小心型的，他們一旦知道自己不應參與工作時，就會採取斯多葛學派的禁慾哲學，一切不再過問，自我控制的功夫比其他血型都強。如果是O型的話，可能會忍不住東管西管的。如果換了B型人，大概也不會如此成功。

負責人渡邊曾說：「因為在上位的大部份是年紀較大的，所以，感覺不出那一股年輕的朝氣。這一次這種安排，所有的年輕員工都一致稱道，在上位的也默不作聲放手讓年輕人去做。於是，年輕人更能發揮所長，創造出優秀的產品。」這裡所說的「在上位的人」，包括荻原先生在內。

最佔優勢的一點就是，荻原手下的成員，幾乎以A型為主，尤其負責人渡邊先生，可以充分發揮A型的優點，溝通上級與部屬之間的關係。A型和A型之間，又會互相體諒、幫助，完全遵守團隊精神。對荻原來說，渡邊或許是一位很難理解的上司，但並非那種脾氣急躁的長官，而是一位冷靜又耐心，在一旁靜觀的長官。加上守秩序的A型個性，渡邊從不獨斷獨行。相反地，每件事都還鉅細靡遺地向荻原報告，更使荻原非常放心。

這種天衣無縫的安排，產生了絕佳的關係，相信讀者也會被血型的影響力而震撼吧！

※　※　※

究竟本田公司的這個「城市號」開發小組，是在無意中，憑經驗與直覺而安排出這樣的最佳拍檔，或是特別留心血型的運用，有意的組織呢？

不管如何，血型在企業界佔有一席之地，這是不可否認的事實。

各位在讀完城市號的實例後，相信對血型的了解已有大略的概念。在這戲劇般的人生中，血型所扮演的角色，的確令人瞠目。本書為使讀者更了解血型，首先就血型有關的基本知識簡單地介紹，再抽出與職業有關的部分，為讀者詳述。

第二章　血型職業人類學

血型是一門人類科學

錯誤的血型知識

最常見的血型代表有A、B、O、AB等四型，或者以其血球中是否含有Rh抗原，而有Rh陽性與Rh陰性兩類。醫生判定血液或輸血時，必須了解每個人屬於那一種血型——這些常識連小學生也懂。

字典上對血型的解釋是（blood group）醫學名詞。廣義而言指動物之間的血液類型；狹義而言是指人體的血液，以其血球所含物質的種類而別。「依血球內包含的凝集原（抗原）種類不同而區別的血液型態。含有某種凝集原的血液，若與相對的凝集素（抗體的一種）的血清相互混合的話，就會產生血液凝集反應。凝集原的分類很多，若以輸血為準，大致可分為ABO式及Rh式等……」

這裏所說的「含在血球中」的說法並不十分正確，因為血型並不只是血液的型態而已。一九二七年，美國醫學家蘭特史坦納（Karl Landsteiner，一八六八～一九四三）博士及血清學家列韋恩（P. Levine）所發現兔子以外的血球含有M、N凝集原而分類，則哺乳動物可分為M、N及MN三型。

血液中當然可以檢定出血型，其他像肌肉、內臟器官、腦神經細胞、唾液、骨頭、指甲、頭髮都可以檢定出血型。

常常可以在推理小說或謀殺案中看到，只要現場遺留有毛髮或精液等，就可檢查出血型，這可證明此項說法。

日本法醫學權威古畑種基博士曾補充說道：「血型不僅分佈於細胞、內臟、體液中，也存在於毛髮、指甲、牙齒、骨頭等硬組織中，所以與其以血型來表示，不如改為全身型、體質型較為妥當。」

學者否定血型人類學的反論

那麼，血型究竟如何判定呢？那要依血球中的物質而定。

以ABO式來說，血球中含有A型物質的就是A型，含有B型物質的為B型，兼兩者的為AB型，兩者都沒有的是O型。當然也有所謂的O型物質，可是O型物質存在於所有人體中，並不能列為判定的基準。

其中覆於紅血球表面的物質，有醣和蛋白質等複雜結合的物質，也可以依照醣分附著方法，來決定血型的種類。

存在於全身的血型物質，其性質及生理作用等，很遺憾地至今尚無法明確的研究出，可說是一門未知的科學。因此，許多醫生和生理學家，就針對我們研究成果提出下列評論：

「血型，尤其是紅血球裡的血型，是以血球表膜上的醣分附著法來決定的。這種附著法由基因（蛋白質的一種）來決定，因此，有關血型與人類性格或行為思考的關係，由遺傳學上或生理學上來看，可以說毫無根據。換句話說，血型改變，人類性格與行為的模式也跟著改變的說法，簡直是無稽之談。」

很多人對此學說一笑置之。然而，血型與人類的行為、思考、性格息息相關。這項事實已有了相當明確的證明。

有關科學方面的證明，本書中將會詳述各種統計調查表，讓讀者一目瞭然。至於其理論的根源，說明如下。

前面已經說過，血型是由生化型物質的差異而決定的，而且這種物質也分布於指甲、毛髮等全身各部分。

O、A、B、AB型的人，全身構造與成份都不盡相同，既然成份不同，其特性與機能自然也受到影響。

以每天所吃的菜餚為例，肉和魚原本就是兩種不同的物質，材料不同，即使調味料、作法都相同，所做出的口味仍然有別。另外，像衣料、電氣製品、傢俱等也一樣，只要材料不同，即使設計相同，其機能、特性必定大不相同。人類的性格與行為傾向也是如此。

統計學證明了血型與氣質的關係

以全球血型分布來說，A型約占二六%、B型約佔二四%、O型約佔四四%、AB型約佔六%，Rh陰性約佔六%左右。

台灣目前O型約佔四四%，A型約佔二七%，B型約佔二三%，AB型約佔六

%左右，Rh陰性低到只有〇・三%。比例與中國方面有些差異，這應與早年和平埔族混血有關。

大致來說白種人血型以O型為多，越向東走A型比例越高，英國是O型比例可以到總人口的六十%以上，A型只佔十%；到俄國O型大概剩四十%，A型也接近這個數字。

不過西方人還不是O型佔比例最高者，墨西哥、中南美的純印地安人中，O型可以到一〇〇%。

東方人B型則一般都在三十～四十%，部分地方甚至有五十%以上，AB型則一般都在十二%左右，Rh陰性則只有一%。

黑人血型界於東西方人之間，O型約佔四五%上下，A型大概佔三十%左右，B型佔十五～二十%，AB型則約佔五～十%，Rh陰性約五%。

東方人和西方人最大差異在B型，西方人B型約在十%左右，AB更在五%以下，北歐拉普蘭人則完全沒有B型。此外，Rh陰性約佔十五%左右，西班牙的巴士克人更高達三十%。

血型和氣質的關係，在統計學上也得到證明。以日本人的血型分佈為例，日本人大致可分為O型、A型、B型、AB型四種。法醫學博士古畑先生以一一五萬人為對象，做了一項調查，可信度極高。

這項平均分佈率的調查結果顯示，O型佔三一％，A型佔三八％，B型佔二二％，AB型佔九％。這個數字到目前為止尚未有多大改變，可以說是日本人血型比例的基準值，算是東方比較偏A型的民族特例。

也許有人會覺得這個數字過於繁複，簡化之後可得O型三，A型四，B型二，AB型一，如此便很清楚了。

現在我們把日本人的平均分布率和運動、才藝、政治、經濟等各領域的血型分布率做一比較，製成統計表，就可以看出顯著的血型分布圖，究竟是巧合呢？還是有事實根據？

這是自然科學求證事實所採用的方法，本書則利用自乘檢定法。這種方法可以算出可能性的百分比，用危險率P表示。詳細說明省略不述，主要原則是P的數值在五％以下的話，證明這種偏差不是偶然發生，而是有科學根據的事實。

從種種實驗顯示，血型和人類行為，及由此應運而生的社會現象有密切的關係。

血型與人類及社會現象的關係既然已經肯定，就可以結束無謂的爭論。目前最重要的工作是開啟人類科學管道，今後多收集資料，互相比較分析，從事更深入的研究。此外有關血型的正確定義，也應重新更正如下：

「所謂血型，表示人類等生物材料物質的差異。換句話說，是氣質體質型的標準，也可以作為科學上證明的分類基準。」

ＡＢＯ式的血型知識

一般是採用ＡＢＯ式或Ｒｈ式來表示血型，這在前面已經提過了。除此之外，在今天已發現許多其他的血型，因此多加了Ｓ式、ＭＮ式、Ｐ式、Ｑ式、凱爾式、路易斯式等二十多種。

當然這些表示方法，主要在表現體質與氣質的關係。譬如：ＭＮ式，有Ｍ型、Ｎ型、ＭＮ型三種相異的氣質。不過，大部份的人都不清楚自己是屬於ＭＮ式中的那一型，其他的亦然。

為什麼輸血的時候，如果血型不適合會發生生命危險呢？相信讀者應該已經知道，前述的ＡＢＯ式及Ｒｈ式中，其他血型除了在極特殊的狀況外，無法直接存在於人體。另外說到Ｒｈ式，日本人百分之九十九屬於Ｒｈ陽性，因此不以Ｒｈ式來表現體質與氣質差異的基準。歐美人士恰與東方人士相反，大部分屬於Ｒｈ陰性。有名的科幻小說作家海因蘭屬於Ｒｈ陰性，今後或可針對Ｒｈ式來研究民族性的差異，這也不失為一種重要的線索。目前仍以ＡＢＯ式為標準來研究人的性格。

ＡＢＯ式有六種不同的血型

如果你知道血型的遺傳法則，就應該知道「ＡＢＯ式不只有Ｏ、Ａ、Ｂ、ＡＢ四種血型，Ａ型方面尚需加上ＡＡ、ＡＯ，Ｂ型方面尚需加上ＢＢ、ＢＯ，一共六種血型。」

事實的確如此，只是很遺憾的，ＡＯ和ＡＡ、ＢＯ和ＢＢ的判別非常困難。檢查血型時只能檢定出Ａ型和Ｂ型兩種，因此，我們只討論Ａ、Ｏ、Ｂ、ＡＢ四種。本書採取一般的血型，但基因型中，卻有六種不同的血型，讀者應該具備這種基本常識。

如果父母是ＡＡ型與ＢＢ型，或同是ＡＢ型的話，生出的孩子必是ＡＢ型、ＡＡ型、ＢＢ型。

考慮到還有ＡＯ型與ＢＯ型的情形，其變化如下：

- 父母都是Ｏ型的情形。
- 父母是Ａ型和Ｂ型的情形。
- 父母是Ａ型和ＡＢ型，孩子是Ｂ型的情形。
- 父母是Ｂ型和ＡＢ型，孩子是Ａ型的情形。

ＡＡ型和ＢＢ型因資料不足，無法詳述。以血型人類學中的威利休計算方法為準的話，日本人七％以上屬於ＡＡ型，三％屬於ＢＢ型。不過這都是紙上資料，實際情形尚難定論。

ＡＡ型及ＢＢ型的性格，從現有的資料大約可看出ＡＡ型和ＢＢ型比ＡＯ型、ＢＯ型更直率，同時個性比較冷漠。至於Ｏ型的氣質就模糊了，因為Ｏ型是隱性因子。以目前的狀況來講，我們不妨把ＡＡ型定為Ａ型，ＢＢ型定為Ｂ型來討論。

父母與孩子的血型　　單位%

父母的組合		孩子的血型與其百分比(　)中是基因型			
表現型	基因型	O	A	B	AB
O×O	OO×OO	100			
O×A	OO×AO	50	50(AO)		
	OO×AA		100(AO)		
O×B	OO×BO	50		50(BO)	
	OO×BB			100(BO)	
O×AB	OO×AB		50(AO)	50(BO)	
A×A	AO×AO	25	75(AO50, AA25)		
	AO×AA		100(AO50, AA50)		
	AA×AA		100(AA)		
A×B	AO×BO	25	25(AO)	25(BO)	25
	AA×BO		50(AO)		50
	AO×BB			50(BO)	50
	AA×BB				100
A×AB	AO×AB		50(AO25, AA25)	25(BO)	25
	AA×AB		50(AA)		50
B×B	BO×BO	25		75(BO50, BB25)	
	BO×BB			100(BO50, BB50)	
	BB×BB			100(BB)	
B×AB	BO×AB		50(AO)	50(BO25, BB25)	25
	BB×AB			50(BB)	50
AB×AB	AB×AB		25(AA)	25(BB)	50

被誤解的血型與性格

血型決定性格是無稽之談嗎？

某公司請血型分析專家去演講，這個公司能夠在經濟不景氣時維持驚人的成長率，的確不簡單。演講末了，接受聽眾發問，首先開發課的H課長問道：

「我們都知道O、A、B、AB四種血型各有不同的傾向，但如果因此把人類的性格分為四種，實在有點說不過去……像我的開發課裡，連我在內一共有四個B型，可是四個人的個性都不一樣。」

這個問題著實令專家大吃一驚，吃驚的理由等一會兒再說。專家對B型的H先生的發言只有苦笑。

一般而言，B型者有了問題，通常會不加思索地直言，而開發課是要求發揮創造力的課，H先生能居於副領袖的地位，真是恰如其份。由於人盡其材，充分活用了血型的特色，難怪這個公司的業績蒸蒸日上。

B型的人通常不會固執己見，善於應付多變的環境，富於想像力，所以，特別適合企劃、開發部門。不過，因為脾氣桀傲不馴、喜歡唱反調，因而不大好管理。駕馭B型的方法，唯有使他發揮所長，任其表現，才能控制得住。

B型一旦投入某工作，常常不顧大局，只顧自己，因此不適合擔任領導職務，倒不如讓他居於副領導的地位，自由發揮創造。

有關B型的例子，最令人惋惜的是前日本職棒巨人隊總教練長嶋茂雄先生。他擔任教練的六年，獲得兩次空前的勝利，是當時最優秀的隊伍。可惜他不久就被迫卸任，也未博得世界一流的評價。

B型的他，並不適合擔任總教練，想起以前他還是選手時，由於全心投入，球技及精神都獲得世人一致的稱讚。

再看看他後來被迫辭職，不得不說血型的影響力真是不容忽視。

領導人的職務，除了B型之外，其他血型都遠比B型更適合。A型凡事按步就班、O型行事果斷、AB型善用人才，都是不錯的人選。

B型若要成為成功的領導人，必須以人際關係良好，能提供良好建議的A型或O型為參謀，才有成功的希望。如果沒有好的助手，可能會終生陷於孤立之中。這也是他失敗的因素之一。在長嶋先生擔任總教練的時候，有篠塚、中畑等一流的選手支持，這些選手也獲得世人一致的稱讚，而他身為總教練的才能，難道不是靠四周眾星拱月般的支持嗎？

話又說回來，同樣的血型，性格卻不相同，這不是很矛盾嗎？這個問題在此不得不稍加說明。而對這個問題也相當令人驚訝，為什麼呢？

到目前為止，從來沒有人斷言人類的性格分為四種，或某種血型只有一種性格之類的話。發問的這位H課長，必然認定專家的理論是——這種血型就是這種性格。

當然這也不能全怪H先生，人類最大的通病就是喜歡給人扣上一頂帽子。譬如某人是長子的話，我們就想他一定是謹言慎行、行動消極的人。如果是次子，就可能任性如天之驕子一般。若是某某大學畢業的，一定是盛氣凌人、不可一世等。

這或許是人之常情！我們常認為德國人和法國人是屬於某種模式的人，如此決定人種似乎很簡便，也易於了解，然而卻容易產生誤解。

血型常常淪為決定性格的工具，如此涵蓋所有的性格當然是相當模糊的，難怪H先生有此疑問。在此，我們不妨談談性格與氣質的關係，並說明何以相同的血型會有不同的個性。

何以血型相同，性格卻有差異

日本戰後卸任首相的血型資料如下：

吉田茂：O型，片山哲：O型，鳩山一郎：A型，石橋湛山：O型，岸信介：O型，池田勇人：O型，佐藤榮作：A型，田中角榮：B型，三木武夫：A型，福田赳夫：O型，大平正芳：O型，鈴木善幸：O型，中曾根康弘：O型。

從這份資料中可明顯看出，O型佔多數。十三人中佔了九人。O型的平均分布率是三，但此處讀者最好先擱下原有的比率，暫時認為O型以外的人不適合當首相。

O型的首相，以三木武夫以後四位最受矚目。

福田赳夫自昭和的水戶黃門下台後，仍致力於政界的改進。大平正芳忠厚老實的個性，在政界獨樹一幟。鈴木善幸在國會質詢時，以僚屬所寫的原稿照本宣科。

中曾根康弘則滔滔不絕地演講，甚至忘了休息時間。

同樣都是O型，四人的表現卻完全不同，以這四人為例便可以知道，光是O型的性格就不是很單純的。

同理可知，相同血型所表現的氣質與性格，並非完全相同。為了使讀者更了解這種關係，在此不妨以料理為比喻來說明血型的關係。

把性格比喻為料理，血型就是料理的材料，也可說是與生俱來的氣質、體質。料理是經過加工、烹調，性格也同樣受許多因素影響而產生的。材料如：魚、肉、蔬菜等加上廚師的烹調，成為一道美味可口的菜餚。而性格的形成，也是相同的道理，各種O型材料、B型材料、AB型材料、A型材料各有其味道與特色，再經過烹調後，性格當然有差別。

與生俱來的氣質（血型），受到後天環境的左右，例如：父母的教育、朋友老師的規勸等等因素影響而改變，因而形成每個人不同的性格。換句話說，人類的性格，如同料理一樣，不只受材料的影響，還有後天的影響，而成複雜的組合。

一流企業負責人的血型分布表

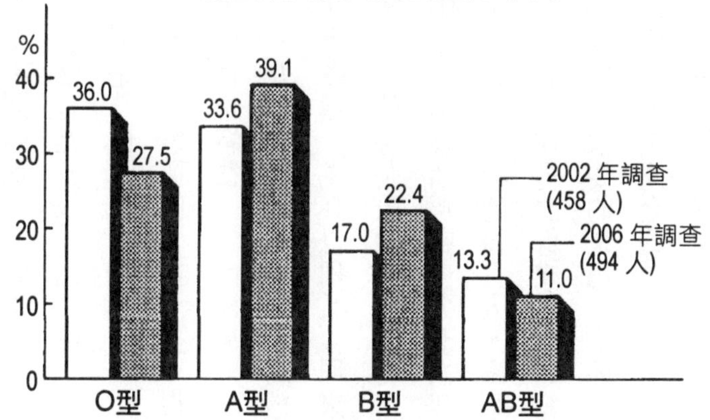

血型是性格的基本要素

即使用相同的肉類為材料，因作法不同，也有許多不同的菜式。相同血型的人自然會產生各種不同的個性。雖然每人的個性不盡相同，但本質卻是相通的，不知道你是否曾經如此想過。

同樣以肉為材料的料理，菜式雖然不同，終歸還是肉類，味道也保存肉味，絕對不可能變成蔬菜，更不可能變成魚類。

氣質與性格也是一樣，如前所述四位首相所表現的性格，因後天的條件不同，性格也因而迥異。不過，大致可以找出他們共通之處。

譬如：O型特有的活力、注重現實、積極朝目標邁進等都可以明顯地看出來，這是他們和其他血型不同的地方。A型、B型、AB型亦然。只是每人的環境不同，有時潛在的個性並沒有充分發揮出來罷了。就像料理一樣，煮得爛熟時，誰也分不出是牛肉、豬肉還是羊肉了。

不過，這種例子並不多。根據統計調查，大部份的人在日常生活中都會明顯地表現出性格特徵。

一九七六年以前，還是高經濟成長的時代，各大企業公司高級主管的血型以O型佔大多數，尤其以創業經理來說，百分之四十以上都是O型為主。O型鍥而不捨的精神，的確是公司的原動力，還有果斷的直覺、正確的判斷力，都是使公司致勝的因素。這種情形在一九七八年後還持續了一段時間。不過在二〇〇六年，經過調查，一些大企業的負責人，A型已佔三十九%之強，O型則有遞減的趨勢。

這表示在經濟低成長期，總經理的資質、領導人的要求都有了改變。以前景氣好的時候，需要的是勇往直前的O型精神。然而在景氣低潮時，要求的則是一位小心謹慎、顧慮周全的領導人，A型正是最佳人選。

這是以各企業的領導人實際反應出來的最直接例子。同時在不同的時代中，同樣的職業，因職務不同，血型的要求也隨之改變。

例如：政治家，調查顯示，國會議員中以O型和AB型最多，但是，地方首長則半數均屬A型。同樣是政治人物，中央與地方的職務性質有差別，自然血型也不盡相同。

此處仍以料理為比喻來解釋這種現象，雖然前面已經舉過了，但是為了易於理解，只好再舉一次。

食用的料理和以性格為比喻的料理最大的不同，前者味道好壞決定於廚師，廚師可以任意加油添醋，決定料理的味道。可是性格就無法這樣了，性格無時不受外在的影響，自然變化也就很大。

性格會變——或許有人聽了這句話會感到驚訝，但依動力學原理，的確是會照狀況、年齡、立場、對象不同而改變。如果性格固定的話，那麼，每個人都是固定的模式，豈不過於牽強。

英國網球明星波克先生，是二十世紀最偉大的網球選手，他謙虛的態度及勝不驕、敗不餒的精神，均博得世人一致的好評。

可是，很多人並不知道他在中學時代，是出了名的壞學生，如果比賽輸了，就很不客氣地向裁判提出抗議。看到他現在的態度，實在很難想像他以前的性格。性格是會照自我的意志及周遭的環境而改變。正因如此，人類潛在的能力才會被挖掘出來，人類互相競爭的精神也因而提高。

不過，與生俱來的氣質，卻也會影響性格，使每個人仍保持他自己的風格。

有關血型與性格的訛傳

性格因「時間」而改變

前述的網球明星波克先生，他在十歲前倔強、暴躁，然而隨著年齡的增長，變得冷靜、沉著、穩重，實在令人不可思議。

如果把性格加上ＴＰＯ種種不同的要素，可能讀者比較容易了解。所謂ＴＰＯ即Ｔ：時間，Ｐ：場所，Ｏ：狀況。波克由於經驗的累積，領悟到在千萬觀眾面前任意發怒的話，不會有任何益處，也意識到自己在社會中所扮演的角色，所以，漸漸抑制自己的衝動。

就因為TPO綜合性的影響，使脾氣暴躁的波克，變成一個合群又沉著的波克。

首先，從性格與時間的關係來討論。不僅是幼年期、青少年期、成人期、中老年期、老年期等所謂的年齡階段有影響，就是新人期、中堅期、管理職務時期、主管等社會地位的變化也有很大的影響。

性格因上述種種因素而改變，但是，改變方法也因血型不同而有各種特色。

變化最大的就是O型。O型在幼年時代就比較懂事，懂得如何取悅長輩、善解人意，所以，多半從小就很受寵。隨著年齡的增長，開始積極表現主觀的一面，有時還令人感覺到一股咄咄逼人的氣勢。

A型從小就有好勝的心理，可是不管他小時候是頑皮的孩子王或是輕浮不穩重的混混，長大後多半會因社會經驗的累積，逐漸壓抑自己，不輕易顯現出本性，變成成熟穩重的個性。

從這點來看，可以推測出波克選手大概是屬於A型！

B型從天真爛漫的幼兒期開始，就分為心直口快及不擅交際兩大類。

AB型的人因年齡不同而有很大的差異。小的時候很怕生，也不太合群，可是大一點以後，不但人際關係很好，也會隨時表達意見，多半在社會上擔任和事佬的角色，可以說一百八十度的轉變。有的甚至以成就而自負，傲氣凌人。

人會隨著時間的流轉和許多因素而改變，無法一一介紹，但不可否認的，人的性格的確受時間影響很大。

性格因「場所」而改變

性格會因場所而改變。有人在外面活潑好動，在家就靜如處子。

受場所而改變莫過於A型與O型。一般說來，A型在陌生的場所會一反過去活潑的個性，變得異常沉默，有點怕生的傾向。

A型也是屬於裡外不一的個性。在外面敬業樂群，被公認為好好先生，一旦回到家裡，卻變成老頑固。A型和O型不同的是，在陌生的場所反而更為開放，往往令人咋舌。像日本的民族特色「旅之恥」，或許因為國民大部分屬於A型而有這種令人不解的行為。

一般而言，B型裡外沒多大的差異。有人在外面板著面孔，在家也是一副惟我獨尊的德性，這都是他們本來的面目。

大致來說，AB型的氣質體質都顯示出雙重性格的特色，有時外表看似冷靜的企業家，在家又顯得反覆無常，是標準的晴時多雲偶陣雨型。

依場所不同而表現的性格變化，有時會因時間而有所改變。但大致上來說，影響較大的是O型，最小的是AB型。

性格因「狀況」而改變

「那個傢伙自從聯考落榜以後，就完全變了個人似的。」常常可以聽到類似的話。如果把聯考換成其他狀況，即使已面臨過多次類似的情況，恐怕性格方面也還是會有變化。

這種狀況以生意人最為敏感，有關血型與情緒反應的圖表，請參照四十七頁。從許多資料觀察分析的結果，可大致看出端倪。不管是藉以了解自己，或應付經濟危機，都有參考的價值。

縱軸表示情緒變化的程度，也就是沉著時穩定的狀態，或是不安定時動搖的狀態。橫軸表示承受壓力的大小。壓力橫軸中途的L表示極限、界限點，也就是日常生活中及理性時表現的狀態。

首先探討O型人的反應。一般的O型即使在日常生活中遭遇壓力或困難，情緒起伏不會太大，多半保持冷靜的態度。不過，如果壓力超過某個限度，安定的情緒立刻一反常態，劇烈振動，甚至到達無法收拾的地步。

有些人在會議中被人一再追問，又無法反駁時，情緒會突然異常，這種人多半是O型。O型的人受到很大的打擊，或被逼急了，就會歇斯底里的哭起來。

其次提到A型。A型在界限點以前，情緒就呈不穩定的狀態，可見平常就多愁善感，屬於勞碌命的較多。不過，一旦超越界限點，情緒反而呈直線反應，異常安定。A型的特徵是在界限以後會改變態度，變得非常穩定。如果界限點越偏左，則豁然開朗的情形也會隨之提前，如此對應付危機或修身養性都有很大的幫助。

B型給人的印象一直是很情緒化的。如圖所示，他們若是受到壓力也不會因此

各種血型的情緒反應

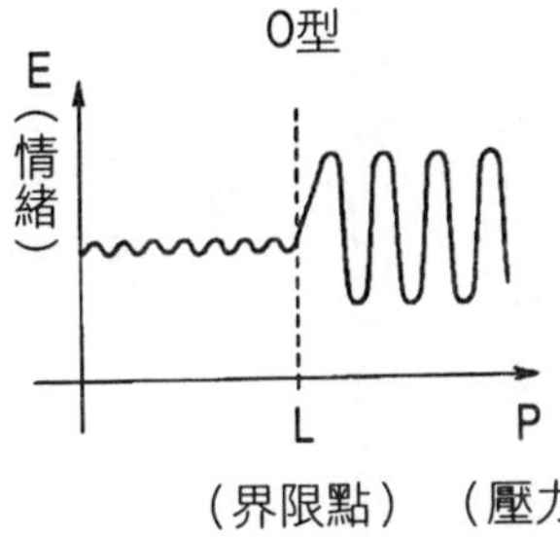

安定→歇斯底里

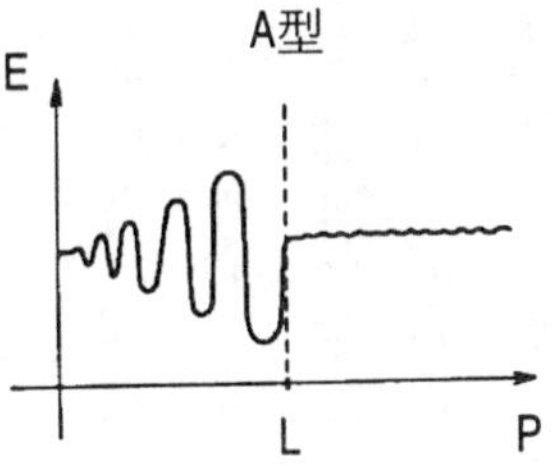

多愁善感、勞碌命→反常態

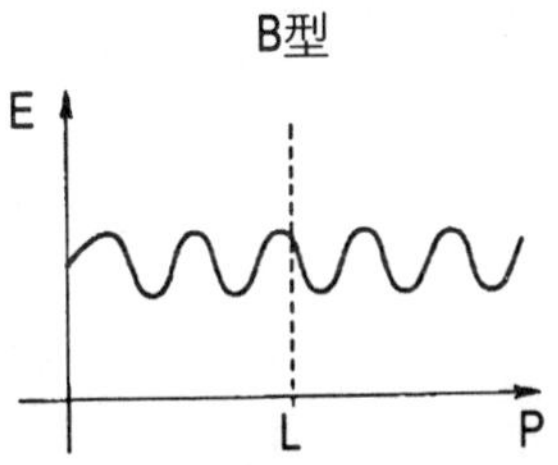

不安定一直持續

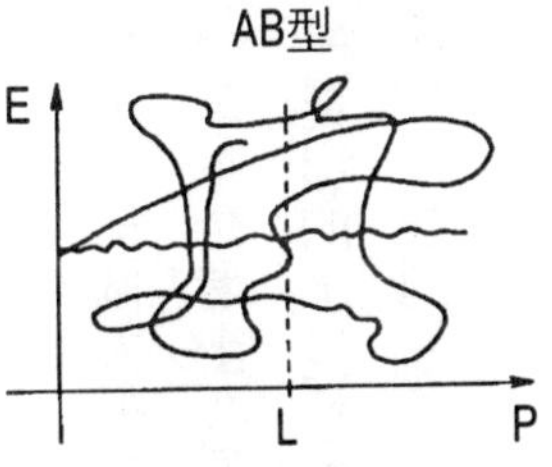

冷靜穩重 } 雙重性格
反覆無常

改變情緒，依舊我行我素。這充分表示B型不太受周圍的狀況或對方的情緒所影響。

最後說到AB型，圖中所示有如稚子塗鴉一般，一片混亂，他們具有O型的冷靜，及反覆無常的雙重性格，這雙重性格會因應時間場所的不同而展現出來——這就是AB型的特徵。

固定對方的性格很危險

從上述分析可以知道人的性格會依狀況不同而改變，有時這種變化出乎意料之外，情緒的安定與否絕不能單用字彙一概而論。

很多心理學者，喜歡把性格固定來討論。譬如說：「那個人很外向，個性很開朗。」把內向、外向作為區分性格的標準字彙。這詞彙本是瑞士心理學家兼精神醫生容克（Carl Gustay Jung 一八七五～一九六一年）所提出的，沒想到後來變成一種流行的詞彙，甚至成為性向測驗的標準。雖然承襲舊有觀念的學者仍然大有人在，但是，大部分心理學家已承認性向會因TPO而改變。

所謂的內向、外向可以說存在於每一種血型中。其中O型因TPO的不同，改變自己的程度可以說最大。AB型人內向的時候非常沉默，而外向的時候，卻活蹦亂跳，變化相當大。

至於神經質這個詞彙，應該是A型專屬的形容詞才對。A型的人在社會中顯得很神經質，可是回到家裏又固執得很，好像神經遲鈍似地。

像神經質?不，神經質這個詞彙，其實也不能肯定的，不是嗎?

固定對方的性格，不僅在人類科學方面毫無助益，對了解別人也一無是處。性格的變化是多樣性的，必須確實掌握各個血型的傾向。

雙重性格是理所當然的——由血型看雙重性格

「我本來個性就比較活潑，善於交際，所以，從事和很多人接觸的商業，應該很適合才對。」

在咖啡店中，看到林先生頗有自信地對晚輩這樣說，露出他O型的個性，在一旁的人不禁莞爾。

目前林先生正在一流企業的最前線上努力工作，隨時隨地都顯得神采奕奕、精力充沛、注重現實，朝著目標努力不懈，只要找到目標，就像飛蛾撲火一般，奉獻畢生的精力，這正是O型的特徵。

可是他小時候的情景，那些晚輩沒有一個人知道。以前的他，別說重實際，根本就是整天胡思亂想，陶醉在羅曼蒂克的夢幻裡。現在的他，已完全摒除過去那種不切實際的幻想，甚至連蛛絲馬跡都找不到了。

讀者認為像林先生這樣具有兩種完全不同性格的人，是不是很不可思議呢？其實雙重性格並不如大家想像的那麼可怕。

雙重性格，在人身上表現出來的只不過是複雜的性格而已，不只雙重，甚至三重、四重性格都大有人在。

為什麼人具有雙重性格是理所當然的呢？我們知道人體的構造由大腦所掌管，其他是左右對稱的器官，如手腳、眼睛、耳朵都是左右各一的，此乃形成雙重的主因，再加上人處在錯綜複雜的社會中，易受環境的影響，這種多重的生活，也造成人類雙重、三重，甚至多重的性格。

雙重性格在各種血型中如何表現呢？僅舉幾個代表的例子略述於後：

如前所述的O型林先生，一方面注重現實，另一方面又有潛在的理想主義，喜歡浪漫的情調。

A型表面上頗能與社會協調、自我抑制，可是內心卻與現實脫節，存著強烈的慾望。

B型大多是樂天派又很情緒化的人，這種情緒的振幅，也使他們產生了雙重性格。譬如有些平常板著臉的人，會一下子變成很坦率，一方面內心深處相當客觀，另一方面又容易激動，容易掉淚。

AB型既圓滑又理性，有時卻又失去理智，跌入愛情的痛苦深淵中，標準的雙重性格。

人的性格不可能一言以蔽之，草草幾句就介紹得很詳盡，相信讀者應該了解這個道理才對。

如果你以前一直認為人的性格是固定不變的，從現在起，請改正這種想法吧！人的性格絕不是一成不變，也不能用幾個簡單的詞彙代表，因為人類的性格實在有很多類型。

由血型看雙重性格

	外在的一面	內在的一面
O型	·屬於追求浪漫情調的詩人型	＝·善於計算利害得失，注重現實
	·合群，容易成為團體的核心份子	＝·主觀及表現慾很強，也很獨立
	·不喜歡被牽著鼻子走，反抗權力權威	＝·尊重能力強的人，服從領袖
	·一旦成為好友，會坦誠交往	＝·對朋友以外的人都存有戒心並保持神秘
	·喜歡講理也善於說教	＝·以直覺或感情決定行動
	·自我防衛的本能及求生慾很強，相當個人主義	＝·願為家族或團體犧牲小我
	·具有不顧一切奮鬥到底的精神	＝·個性爽朗，不計較得失，淡泊名利
A型	·重視禮節及常理，不恣意所為，懂得自我抑制	＝·對現狀常有不滿，隨時可能爆發出來
	·和周遭的人群很合作，尊重團隊精神	＝·不信任別人，卻潛在著幫助別人的願望
	·細心觀察周圍的人群，體貼他人	＝·採取我行我素的態度
	·自尊心很強，不輕易低頭	＝·一人遊玩不盡興時，會徵求適合的同伴

	・不輕易採取新的行動，屬於慎重派	＝・有時會下定決心重新行動
	・略嫌嘮叨，感情壓抑	＝・有時會貿然行事沒有耐心
	・有責任感，耐力強	＝・本來有興趣的事物突然感到厭煩
B型	・我行我素，不善與人交往	＝・一旦被人群孤立會坐立難安
	・不善於一般的交際應酬	＝・隨和易親近
	・容易與人溝通，富同情心	＝・考慮事物著重實用性及客觀性
	・情緒轉變很快也很多	＝・不輕易流露感情
	・有時看似具有多方面的興趣	＝・為興趣廢寢忘食
	・不用大腦，舉止冒失	＝・喜歡按照預定計畫行事
	・若無其事的便決定採取新的行動	＝・保持現狀，不想做任何變更
AB型	・熱心參加社交活動，富奉獻精神	＝・想保有私生活
	・善於處理人際關係	＝・與他人保持適當的距離，有個人主義的傾向
	・適合從商，富於理性	＝・喜歡空想，陶醉在夢幻中
	・善於交際，容易妥協	＝・討厭偽善和一成不變的原則，有正義感
	・冷靜沉著，情緒穩定	＝・耐心不夠無法一氣呵成
	・討厭爭鬥，愛好和平，膽小	＝・不畏死亡，大膽

各種血型的氣質研究

O型的氣質與行為傾向

根據前述的論證，相信讀者對血型已有相當程度的了解。現在開始進入正題，首先從O型的氣質談起。

O型鬥志旺盛，非常具有行動力，屬於劍及履及的積極型，慾望的表現也最直接，可以說是所有血型中最自然的。能夠冷靜的判斷利害關係，儘早採取適當的措施，重現現實。

此外，若找到具體的目標，往往奮不顧身，不達目的絕不終止。

在工作的表現上，似乎對高難度及繁重的工作情有獨鍾，或許是心中渴望被認同，所以，非常喜歡征服困難的成就感。以成就來肯定自己，也希望贏得別人的讚賞，讚賞及肯定，對他來說是行動的原動力。

如果只是單方面的付出熱忱，O型人也容易心灰意冷，然而一旦發現工作的意義，會很賣力的工作，且有能力迅速有效率的完成，一旦獲得上司的好評，會更起勁，全力以赴，即使再艱難的工作也能如期完成，不負使命。

這種特徵也表示O型的權力慾望很強。可是相反的，對思想、利害關係與自己相異的對手，卻站在徹底反對的立場。

O型的人，屬於八面玲瓏的功利主義者，似乎與生俱來就為世間的一切做了萬全準備，其一言一行都是深思熟慮，絕不做個徒勞無功的人。

這也就是政治家中無論那個政黨，總是O型佔多數的原因。

企業家亦然，一般活躍於商界的也是以O型為多。雖然在現今經濟不景氣的時代，A型漸漸堀起，可是就創業者來看，仍以O型佔壓倒性的多數。

O型是非常重視現實的人，一旦有了目標，便努力不懈，具備了不畏艱難的美德，耐力也很強，只要假以時日，他的表現一定會令人刮目相看。

不只是政治界及企業界由O型稱霸，連一般商界也不例外。他們工作能力強，一旦投入，往往會發揮不可思議的能力。相反地，如果沒有生活的目標，就像洩了氣的氣球一般，毫無生氣。O型在機械中，獨對車床不太感興趣，如果主管擁有O型的部下，不可不注意這一點。

在某些人的眼中，O型人是屬於古板而不知變通的「異類」，事實上，那過於謹慎的言行，只是怕別人看輕了自己，除了自卑之外，一種對自己堅定不移的自信心，也是促使O型人小心翼翼，不敢稍有懈怠的原因。

O型人不僅針對現實出發，甚至連熱情也是如此，絕不會為了遙不可及的夢想而浪費心力。對別人空中樓閣式的理想抱負感到匪夷所思，百思不解，為何別人如此不切實際，這就是典型的現實主義者。

雖然O型很注重現實，但他們絕不是非常勢力、斤斤計較的人；相反的他們也有羅曼蒂克的一面，愛好如詩如夢般的情調。

由於O型很現實，當然對利害關係的分析能力也很強，為了生存，非常重視「能力」。O型的人從小時候，就很敏感地意識到自己和他人（集團或社會）能力的強弱關係，而因時因地改變自己的性格。

自己屬於較弱的一方，會尋求強者的保護，有時逢迎別人，有時順從別人。若自己居於強者的地位，就非常主觀，精力鬥志都很旺盛，行動也頗積極。

或許有人會把O型人歸類為腦筋頑固的現實主義者，事實上，O型人並不是個思想狹隘的人，更不是大家所謂只注重物質生活的現實主義者，其一切思想，在不脫離實際原則下，仍保留了相當的彈性。

O型縱使居於強者的地位，也不會藉機仗勢欺人，相反地，他會保護弱者，發揮同情心，所以，四周的朋友也自然推崇O型為領袖。

人際關係方面，O型很重視朋友，這大概是因為重視能力，知道團隊的力量不容忽視的緣故！另一方面，也會把朋友區分為敵我兩方，所以很容易交到朋友，也很容易樹立敵人。

思緒明快、重視現實、明理達情，屬於直線型思考方式，這也是O型的最大特徵，一旦有確切的目標，會加快腳步向前邁進，擅長的知識非常豐富，其他不感興趣的事物，碰都不碰。

由於O型的感覺很靈敏，所以點子也很多，從事採購買賣時，頗能發揮所長。

儘管O型人講求客觀、理智，但面對四周的批評也不可能無動於衷。雖然對自己的思考方式及判斷能力有著無比的自信，但是，面對需要注入感情的創造能力，往往顯得心有餘而力不足，甚至覺得懊惱萬分。

感情方面，日常生活情緒很穩定，喜怒哀樂及任何不快的情緒不會任意發洩，屬於淡泊名利型。如和O型有爭執，不會發生任何拖泥帶水的後遺症。會議時，發言簡單俐落，可是一旦被問倒，就會歇斯底里地大哭起來。

O型最大特徵是現實性很優越，為生活的目的奮鬥不懈。在商業方面，可以充分利用這份優點，發揮O型特殊的能力。

A型的氣質與行為傾向

如果將A型人的性格、氣質歸納，大致如下四類型。

①謹慎小心型——因天性謹慎小心，造成顧慮較多的性格，凡事總要先有周全的計劃之後，才會著手行動，是十分標準的先苦後甘型。但也因此常常延誤契機，錯失良機，是此種性格所形成的負面效果。

②貢獻組織型——A型人較重視團體的秩序，不會將個人的慾求視為優先，如

果與未來相較，比較著重於目前的安定生活，不會有好高騖遠的期待，夢想未來。

③安定成長型——腳踏實地是A型人的特徵，喜歡按部就班的生活方式，具有冒險性以及一步登天兩種生活，絕對不是A型人一心想追尋的。

④服從多數型——對人極為尊重，不會自私自利只顧及自己的舒適而影響到他人。A型人很懂得自我努力，並且不輕易改變現狀，也不會羨慕他人而一心夢想飛黃騰達。

A型的基本氣質與思考、行為有關。生活方式一方面希望保持安定的現狀，一方面又希望打破現狀。

討厭不安定的環境，生活態度篤實，會配合社會的規範而採取行動，不過，如果一成不變的生活一直維持下去時，又會有出人意料的舉動。

A型多半以自我為中心，不太與周圍的人協調。他想為世人貢獻的使命感也由此應運而生，如果A型意識到這一點，會貫徹始終地實行自己的信念。

並非所有的A型人都是方方正正、規規矩矩的人，只不過比例上是如此而已。也有一些A型人是心胸開闊，不按牌理出牌的人物。然而即使再如何活躍、開放的人，多少仍存有尊重原則的想法，活潑的A型人亦是如此，會比其他血型的人較容易感到快樂。

思考與行為方面，非常細密、慎重，有時略嫌多慮。其實，應該說在沒有把握之前，不會輕易採取下一步驟才對，因此耐力很驚人的。

內心其實洶湧澎湃、脾氣暴躁，外表卻完全壓抑著，一般人的觀念認為他們不夠積極。A型的特徵是內心烈火熊熊，外表卻顯得消極。

A型人一旦有了理想，會一心一意地去實現，屬於「完美主義者」。這種完美主義者的傾向，對任何事都要求條理分明，追根究底，否則不輕易嚐試。也不喜歡不遵守秩序，破壞原則的人，不能忍受精神散漫、缺點很多、不關心四周的人，因此，他們很重視團隊精神，也很明理。

A型非常注重自我的修養，有時矯枉過正，變成有些自我陶醉了。

此外，A型的外表看來，似乎非常溫順容易妥協，其實，內心卻不易改變自己的意見，忠於自己的信念，這種典型的個性常在貿易上可以發現。

四種血型中，對數量的信賴感以A型人最為強烈。由於這種性格，導致A型人的特別尊重由傳統所流傳下來的事物，認為經由多數人所肯定過的東西較好，較正確。反過來說，未知的事物都是不可能、無法相信的。

對A型人來說，暢銷的商品因為受到大眾的喜愛，自然有其價值。但是，百年老店及擁有眾多員工的大企業，才是真正可靠、值得信賴的選擇。

A型不夠積極的特性已經在前面提過，為什麼在商業上仍以A型佔多數呢？因為他們容易與他人協調，對任何事都有強烈的責任感，即使單調乏味的工作也耐得住，而且擅長運用電腦、商業機械等。

這種A型的特徵，在日本充分表露無遺。因為日本的組成份子大多屬於A型，所以，日本與其他先進國家比較起來，常常給人一種過於孜孜不倦的感覺，這也是他們特有的形象。

想像力比較弱，所以不適合從事企業開發工作，對於新的事物，似乎也跟不上。A型缺乏創造力。不過，他們也有另一方面的優點，擅於計畫，也長於改良既成事物。

A型的特徵幾乎都可以在日本這個國家中發現。日本人鮮少有什麼新的發明，可是他們最擅長實際應用方面的技術，常常使其他國家又嫉妒又羨慕。

A型人守法守分的個性，促使他們絕不會在自己所屬的團體中，將自己與別人相異的個性、脾氣表現出來，因為如此會容易造成違反規則的行為，因此，A型人忍耐的功夫特別好，他所抱持的處世態度是「大事化小，小事化無」。

不喜歡出鋒頭，總是默默耕耘，A型人認為頭角崢嶸、出人頭地並無不可，但是，他無心躋身其中。因此，劃分私人空間與公共場所，是特別重視的一環，因而A型人有許多不願為外人所知的秘密。

在開會席上，因富於協調性，最適於擔任議事的記錄整理等工作。只是在運籌帷幄方面不如AB型優秀。對於別人的意見雖然充分了解，但潛意識中就相當排斥新的事物，常常堅持己見，頑固不通。

總括來說，A型人的責任感很強，善於改良成品，長於計畫、組織；相反的，不會拐彎抹角，缺乏通融性和彈性。

B型的氣質與行為傾向

B型人十分執著於自己的獨特個性，每一個人的人生觀、價值觀也不盡相同，甚至千百種人有千百種想法，各有奇思異想。

B型人不喜歡接受一些社會既定的價值，不喜歡被套入一些老舊的模式中，不喜歡遵循前人的腳步盲目前進。濃厚的個人色彩，不甘被潮流牽著鼻子走。

B型的特徵和A型幾乎相反。A型事事條理分明，B型正好相反。

在思考方面，A型和B型更有明顯的差別。A型是標準的完美主義，凡事條理分明，B型並不如此，但不是說B型的人就是非不分，他們不對任何事做善惡的價值判斷，凡事順其自然，不以世間常識去批評，這是B型特有的是非標準。

在思考和行為方面，B型有時不按常理出牌，因此，產生了優越的獨創性。他們不遵循常規，也無視原則，能充分發揮獨特的想像力，甚至有些企業在徵人時一定要B型的，就是借用他們這方面的長才。

在團體之中，如果多加注意便不難發現，那些高談闊論、口沫橫飛的理論家多半屬於B型人。但是，若話題涉及呆板的現實事物，那麼，B型人可能會變得三緘其口，對很多事情都表現出不予置評的態度。因此，那些整天沉醉在幻想世界的白日夢群中，總不難發現其蹤跡。

一般人最缺乏獨創性和想像力，若能善用B型的人，必能截長補短。不過B型的人不善於與四周的人協調，一向我行我素，有時矯枉過正，變得個性孤僻、不受人歡迎。身為主管的人有必要了解B型的缺點，加以改正輔導。

B型人最大的致命傷就是，個性過於狂妄不羈，心中經常有「唯有獨尊」的孤傲感，「有我才有世界」的觀念，有時因而自誤。

尤其身為領導人，由於新點子層出不窮，使手下無所適從，到最後變成蕭牆之爭，所以，B型的人不能成為一名好參謀。

近年來不管是企業界或職業棒球，都已進入專業化，不再靠個人獨裁而有所成就。團體中講求的是團隊精神，B型人若沒有這種體認，依舊我行我素的話，就可能招致失敗的命運。

在團體活動中，B型人常是人們目光的焦點所在。這種現象與其說是因為B型人標新立異、愛出風頭，不如說B型人根本不在乎別人的眼光，當然也就不會刻意隱瞞自己的本性。

B型的基本生活態度和A型比較起來，的確有天壤之別，A型非常注意周遭環境的動靜，B型卻不太注意潮流的變化，只關心自己有興趣的事，一切恣意所為，尤其厭惡受到約束，嚮往自由自在的生活。

天真浪漫、不懂得修飾自己，是B型人最大的優點。尤其是注意形象包裝的今天，保有一顆赤子之心的愈來愈少，因此，更顯得B型人的真誠可愛。不過，B型人的率真也常為周圍的人帶來尷尬的場面。

B型人最大的特徵是對任何事都沒有成見，也不會刻意分類，所以，他們能打破傳統發揮創造力。如果往好的方向發展，前途將不可限量。

由於不喜歡被外界束縛，所以，他們對喜歡的事物非常執著。事實上，B型的興趣相當廣泛，只是大多太專注某件事物而沒有發覺罷了。

除了舉止行為引人側目之外，B型的人無論在看法或價值觀上，常令人有「語不驚人死不休」的震撼。或許有人認為那是特立獨行，但是，B型人觸角敏銳，競爭力旺盛，則是有目共睹。

個性強烈，喜歡變化，對於單調平凡、一成不變的生活視為畏途，豐富刺激、多采多姿的人生，是B型人鍥而不捨的目標。循序漸進、步步為營的規律生活，似乎根本和B型人搭不上線，因為B型人不是爭先恐後、橫衝直撞，就是離經叛道，不走常軌。

在感情方面，B型人相當熱情，不會壓抑感情，不過他們內心深處，仍然冷靜和理智，不全被感情沖昏了頭，這也是他們最大的特徵，只是因為他們情緒起伏太大，一切憑喜惡行事，可能連自己都不會察覺出這一點。

B型人雖然兼具冷靜與客觀的待質，另一方面感情豐富，常常淚如泉湧，情緒的變化不可謂不大。他們的先見之明、獨創性和性情中人的個性，是與生俱來的雙重性格。

AB型的氣質與行為傾向

經常對人間抱著「眾人皆醉我獨醒」的崇高感，對現實懷有虛無縹緲的迷惑，這便是AB型人的性格傾向。AB型人所憧憬的未來，並非現實世界的未來，而是幻想遙不可及的未來，因此，AB型人可說是烏托邦理想境界的擁護者。

虛無的合理主義，可說是AB型人最佳的寫照，AB型人往往以理性、追根究底，以達到自己的主張為目的。儘管如此，對未知世界的好奇，以及對不可思議的現實抱持濃厚興趣。或許是因為矛盾的AB型人，有其幻想家的一面，對於神秘的未知世界，AB型人喜歡一展幻想的羽翼，自由地翱翔其中。

AB型人同時具有A型與B型的性格特徵，A型與B型是正反兩種截然不同的血型。一個活躍，一個好靜；一個內向，一個外向。在兩種完全極端不協調的氣質相融合之下，產生出非常獨特的AB性格。

AB型人比任何血型的人更有自信，凡事都很樂觀，因此，決斷力強、行動敏捷。在一個團體中，總是希望能躍居領導地位，並將自己的想法視為團體的意向而付諸行動。

AB型人的行動總是迅速得令人訝異，但也經過周密、冷靜的考慮，而非一時的衝動，當AB型人一語不發時，總讓人感覺高深莫測。AB型人基本上是極矛盾的類型，其談吐、反應、判斷等都因時、因地而異。ＡＢ型人是Ａ型與Ｂ型氣質共存於同一人的性格內，所以，時有衝突與掙扎。

請讀者現在假想一個開會的場面。

會議開始了，本來一切平靜無事，突然到達白熱化的高潮，贊成與反對互相對峙，形成僵局，意見紛起，彼此攻擊，已經變成無法收拾的局面。

正當場內亂成一團的時候，有一位自始至終沉默不語的男子，突然站起身來開口說話了。他客觀而冷靜的意見，使在場的人士無不心悅誠服，於是會議再度進行下去。

或許很多商業界人士有過這種經驗，對於這位冷靜沉著的男子，介入爭吵與糾紛的行列，而感到無比的嫉妒。

這種的人非ＡＢ型莫屬。ＡＢ型人的言談行為簡潔俐落，凡事都能站在第三者的立場，以客觀的角度分析得失利弊，富於彈性，對調解人際關係更有一手，長於批評，分析事理。

思考方面，很快就能抓到要領，懂得訣竅，不以主觀決斷事情，能用各種角度來分析。

可以說，ＡＢ型人對於世間事物，並未抱有絕對價值的認定。ＡＢ型人即使家財萬貫，享盡榮華富貴，也不以此為滿足，更不渴求獲得很高的社會地位與聲望。然而，這不代表ＡＢ型人想平平凡凡過完一生。「平凡」在ＡＢ型人的眼中，十分無聊而難以忍受。只求隨心所欲的人生，才是ＡＢ型人真正想要的人生。

ＡＢ型人總是隨興所至，任意自己滿足自己的愛好，雖然沒有明確的目標，卻仍能自在地生存。

如此說來，似乎ＡＢ型比其他三種血型的人頭腦清晰、思慮周詳了？請不要誤會，目前我們所討論的範疇，絕不會以血型來決定個人頭腦的優劣。

不過，ＡＢ型人在思考行徑方面，與其他血型比較起來的確有些不同，他們多角度、客觀的思考方式，最適合擔任參謀人才。然而，深入追究的話，又不像表面這麼得心應手了。

ＡＢ型人的特徵是相當理性，這一點和Ｏ型幾乎可以說是呈對比。

ＡＢ型人也像Ｏ型人一樣注重實用，不會順其自然，直接表現慾求，而把興趣擺在第一。但介入社會圈子的方法並不像O型人，意識到自己與生俱來就是社會的一份子，精神旺盛的加入社會。AB型人喜歡保有私生活，一方面又興致勃勃地奉獻給社會。

AB型和O型類似的地方，是沒有權力慾，有時在日常生活中，容易產生倦怠感，甚至對生命也不戀棧。

大部份的AB型人情味都很淡薄，因此常為人所詬病。經常保持冷峻的態度，顯得高不可攀的樣子，自然沒有很好的人緣。

不喜歡與他人競爭，也不積極追求人際關係，與人保持一定的距離，以客觀、第三者的立場來判斷事物。若能善用這一些的話，在複雜多變的人群關係中，將可扮演重要的潤滑角色。如前面所述，在會議中飾演調解的角色。

不過有一點不可不慎的是，倘若過於冷眼旁觀，將會流於尖酸苛薄的批評家。AB型極富批判精神，但絕不可變成惹人厭的評論家。

AB型人的合理主義根深蒂固，因此，總認為只有合理的東西才有價值，即使是微不足道的東西，也願意以合理來肯定一切的存在價值。

在ＡＢ型人的思想中，「神」及「金錢」常是輕如塵土的事物，不值得追求。重視美的意象，認為只有美才是絕對值得追求的，只有美的事物才是精神及物質上永遠的價值，日常生活中也都是以美的意識來衡量周遭的一切事物。

ＡＢ型人的潛意識中，總對人類懷有不信任感，但又同情的心態，可說是懷疑的人道主義者。對於才智平庸的人，不屑與之交往，這是ＡＢ型人較為特殊且不易被人接受的特質。

ＡＢ型人的特徵是雙重性格。

所謂的雙重性格，在思考方面，極富彈性，可是另一方面又喜歡不合實際的空想，自我陶醉。感情方面，在外面很少動真感情，保持一副冷靜沉著的樣子，私底下卻熱情澎湃，隨時都可能傾洩而出。ＡＢ型人兼具這兩種截然不同的性格，卻表現得恰到好處。

這種雙重性格和一般所說的「雙面人」不一樣。ＡＢ型人一方面講道理，冷靜沉著，另一方面又討厭偽善、富正義感，願為社會奉獻自己。

在體質方面，容易疲倦，睡眠不足時尤其虛弱，大致上，ＡＢ型人中氣不足，體力較差，所以耐力也較差，必須特別注意日常生活不可熬夜過度，應有充分的睡眠才有充沛的體力。

血型相剋的關係

人際關係是非常複雜的，有吸引、排斥的關係；也有保護、被保護的關係；以至於同事關係、共同關係、利害關係、上下關係、競爭關係等等不勝枚舉。這些關係因血型不同而產生或強或弱等微妙的影響，其中和血型最有密切關係的是「支配＝守護的關係」。

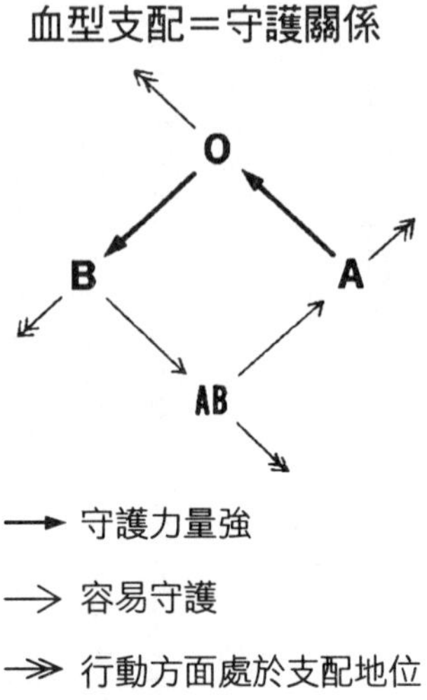

血型之間相剋的關係，目前為止，似乎尚未有人徹底研究過，相信只要善用此一關係，必能使人際關係更為適意。

「守護」一詞，並不是指照顧孩子的意思，而是指容易受對方的感情或情緒所影響，可以給對方鼓勵，或被對方接受等精神上的守護關係。上圖所示，供讀者參考。

守護關係的內容比較

	守護的行動與效果
守護一方的行動和感覺	●表面上居於接受者的地位，其實卻可以使對方充分發揮表現的慾望及說話的慾望。 ●使對方發洩任何煩惱、不安、焦慮、不滿的情緒，安慰對方、鼓勵對方。 ●極力讚揚對方的優點長處。 ●決不會說不關心對方或不知道對方說什麼之類的話。 ●了解對方的情緒，能處理得恰到好處，誘導對方的思想往好的方面。 ●對方不會輕易的離開，自己成為支配對方的中心。
被守護一方的行動和感覺	●居於說話者的立場，安心地說出任何想說的話。 ●不知不覺中，把壓抑在內心的感受傾洩而出，心情頓時開朗起來。 ●相處之中逐漸增長信心。 ●相信對方一直耐心地傾聽自己說話，不會覺得急躁不安。 ●覺得對方和自己個性相投，惺惺相惜、信賴對方。 ●能專心行動，會要求對方，有時則忘記對方的存在。

對對方的印象	共事時
●對方看起來比實際年齡少，風趣愛美，有時很羡慕對方，但不熟之前有些不屑對方。 ●覺得自己佔上風，但也覺得自己的生活態度並不如意。 ●經常冷靜的應付對方，事後覺得很吃力。	●支持對方，能左右對方的情緒，工作愉快。 ●意見合理時，容易被對方接受。反之，不得體的話，容易惹對方生氣。 ●日常生活中會偶爾玩弄別人，但反而被耍了一道。
●對方看起來比較成熟，可以信賴，但也有猜不透的地方。不熟之前，以為對方是很毛躁的人。 ●對方因自己的存在而覺得滿足，也慢慢發覺自己的優點。 ●覺得氣氛和諧、相處愉快，不會有吃力的感覺。	●自己的工作得到對方認同，覺得自己居於領導地位。 ●對方忠言相諫，會很高興的接受，對方有意挑釁，立刻怒氣沖沖。 ●日常生活中，不輕易欺騙對方，有特殊情形時會一反常態。

無緣	●對對方冷淡，甚至不說話，就破壞兩人的關係。	●經常責罵對方，起口角，對方離去之後，又不知所措。

行動方面來看，被守護的一方多半視對方為神，容易受對方支配。如果充分了解這種「支配＝守護關係」的話，情形更為明顯。

不管守護或被守護的一方，絕沒有強弱、上下之分，兩者是平等的。等於說守護的一方有管理能力，而被守護的一方有優秀的天賦，這樣比較容易了解；也可以說守護的一方代表音調，被守護的一方代表旋律。

「支配＝守護關係」因年齡、精神、理性的差別而有所改變，最主要的因素還是血型的氣質差別。

譬如：A型和O型，前者居於守護，後者居於被保護。A型能看出O型的動向與意念，而給予鼓勵、安慰。O型依賴A型，在A型面前顯得比較安定，就好像O型是投手，A型是捕手一般。

被守護的一方，若想要反過來守護對方的話，需要相當的耐力，有時還會弄巧成拙，造成反效果。要使人際關係和諧，最好還是順著這種「支配＝守護關係」的流程比較好。此處，如果守護一方用心照顧對方，被守護的一方懷著感激的心情，彼此的關係會更圓滿。

血型和民族性

民族性由血型分佈的差異來決定嗎？

民族性由血型分佈的差異來決定——似乎有些言過其實。的確，氣候、風俗、歷史、鄰國都是很重要的因素，但社會組織及常識等民族性的基本要素，仍與血型的平衡差異有密不可分的關係。

首先從一些極端的例子談起，世界上有三個國家被認為只有O型存在，那就是美國、印度、南美的印第安人。

最近，印度人因混血增多，不能百分之百的論斷。雖然北部有很多A型出現，不過內地多半仍以O型居多。根據美國人類學者史奈德的報告，純種印度人O型約佔百分之九二・三左右，在白人侵入以前，可能百分之百都是O型。

印第安人也有混血出現，不過目前南美仍存有許多完全是O型的部落，像以前印加帝國，就是純粹的O型國家。

不管是印度人或是印第安人，都是重視團體的民族。不過這種O型集團只是一種「朋友」集團，不是有原則的組織，規模既小又不曾擴大。唯一成立國家的是印加帝國，可是印加也不曾再向外擴張。美國印第安人在美洲大陸已有一萬多年的歷史，可是也沒有成為統一的國家，只不過是幾百個小部落而已。

一個集團要進化成有組織的社會，A型絕對是不可缺少的。

那麼，A型和O型所構成的民族如何呢？A、O型各半，B型和AB型幾近於零的民族，是澳洲土著。似乎古歐洲人也屬於O型和A型的民族。還有住在庇里牛斯山的波斯克人幾乎都是A型和O型。波斯克人有很嚴格的家族單位，長幼有序、紀律嚴謹，是一個井然有序的團體。

也由於過於嚴謹，使得技術文明的發展落後很多，這也是A、O型社會最大的特徵。澳洲土著被發現時，還過著石器時代的生活，因為他們缺乏富有創造力的B

型，所以無法開創新技術。

歐洲社會的文明絕不是獨自發展出來的，中東、近東、北非等B型較多的伊斯蘭教世界介入之後，才得以開花結果。O型富於學習性，A型適合應用改良，A、O型社會和其他文明一旦接觸，必定會有所改變。

O型佔優勢的歐美社會

即使是現在，歐洲系統的社會仍以A、O型為主。和台灣一樣，O型的比率佔大多數，美國的O型佔四六%，A型四十%；英國的O型佔四七%，A型四二%；其他歐洲各國，如德國、北歐、東歐等A型的比率都偏高，但也相當接近。美國人有主見，競爭心強，表現明快，這些都是O型的特質。

美國、英國以O型為主，歐洲社會則以O、A型為中堅份子。相對的，日本卻以A型為主，和歐美各國有很大的差異，受A型的影響相當大，這在先進國家中是很罕見的例子。

由A型人掌握領導權，和A、O型社會有很多相似之處，譬如：重視團體的歸屬、抑制個性、尊重紀律、犧牲精神強烈，吃苦耐勞等都是A型的特色。

再說到歐美社會中，A型佔多數的國家，首推德國。A型佔四五%，O型四一%，此起英國和美國，A型的比率的確增高許多。所以德國的民族性堅實、專心、細密，和日本頗為類似。

提到德國，不能不提希特勒，他是一個完美主義者，在一個重視團體紀律、忠於價值標準的A型社會，最容易產生獨裁者，同時為了集團，不惜做出任何殘暴的事情。納粹迫害猶太人，日本人屠殺中國人，都是A型社會走向歧途所產生的不良後果。若是由O型掌權，因為重視現實，而且會打如意算盤，當不至於邁向這種極端的路途。

若將A型好的特色充分發揮，則國家和民族的前途將不可限量。譬如：第二次世界大戰前，德國和日本都是數一數二的強國，就是最好的例子。

美國人對有「經濟動物」之稱的日本人，似乎很難猜透他們的民族性，實在有必要再多了解A型的氣質。

當然，日本方面也有必要學習O型社會中「是非分明」的果決精神。

世界各國的血型分布率

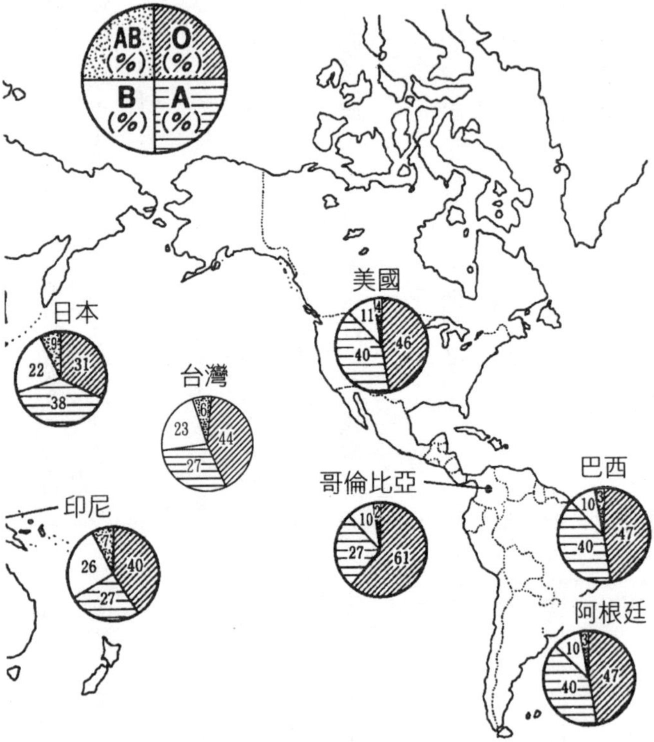
AB (%)
O (%)
B (%)
A (%)
日本
9
31
22
38
台灣
6
44
23
27
印尼
7
40
26
27
美國
4
11
46
40
哥倫比亞
2
10
27
61
巴西
3
10
47
40
阿根廷
3
10
47
40

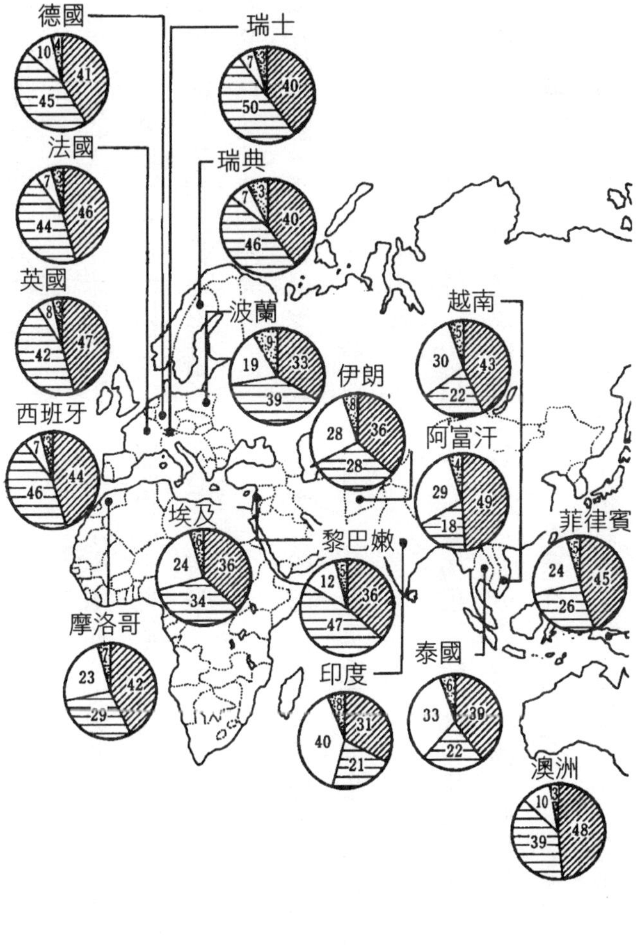
德國
10
4
41
45
瑞士
7
3
40
50
法國
7
3
46
44
瑞典
7
3
40
46
英國
8
3
47
42
波蘭
9
19
33
39
伊朗
8
28
36
28
越南
5
30
43
22
西班牙
7
3
44
46
阿富汗
4
29
49
18
埃及
6
24
36
34
黎巴嫩
5
12
36
47
菲律賓
5
24
45
26
摩洛哥
7
23
42
29
泰國
6
33
39
22
印度
8
40
31
21
澳洲
3
10
48
39

B型佔優勢的亞洲社會

亞洲是B型的天下。從印度到中亞、蒙古、中國北部、東北地方、北韓，B型從三十～四十％激增至五十％以上，東南亞也以B型佔多數。

其實東方與西方的差異，或許跟B型的多少有很大的關係。也可以說是A、O型社會與B、O型社會的差異。

仔細分析的話，亞洲有很多民族善惡不太分明的。對重視理論、嚴密的西方文化來說，東方思想稍嫌散漫。宗教方面也有很大的區別，西方社會以基督教為主，戒律森嚴，東方社會則是多神教。

思考方式和行為極富彈性，不拘泥小節，中國前領導人鄧小平有句名言：「不管是白貓或黑貓，只要會抓老鼠的就是好貓。」充分表現了中國人的民族特性。

不遵守時間的民族也很多——說得明白一點是沒有時間觀念——很多出差到阿拉伯或印度的官員，對於遲遲不來的火車，或誤點的公車都感到怒不可遏。而A、O型社會的西班牙，由於受過北非伊斯蘭教文明的洗禮，多少也留有這種特色，當然吉普賽人也是不可忽視的重要因素。

吉普賽人發祥於印度，目前散佈於世界，是典型的B型民族，生性豪邁，缺乏嚴密的組織。民族音樂、舞蹈、民俗藝品等充分表現出B型的特性。B型民族如吉普賽人和蒙古人一樣，活動範圍非常廣泛，到處移動，對於固定性強的A、O型民族而言，正好是強烈的對比。

目前並沒有純粹B型或B、O型的國家（澳洲北岸的小島及東南亞山中還殘存一小部B、O型的部落），可能是B型先天喜歡流浪的個性，使他們很容易與其他民族混血之故！

本來「伊斯蘭教」的圈內應是B型的天下，可是黎巴嫩卻是以A型為主的國家（A型四七％、O型三六％），還有阿拉伯人不屈不撓的鬥志，也充分表現出A、O型社會的特色。

以B型為主的民族，雖然能創造文明，後來卻沒有什麼發展。因為他們很少團結一致的行動，忽視組織的力量，大家都任意行動、各自為政，不熱衷組成集團，為什麼亞洲是文明的發源地，後來卻沒有再發展？就是這個緣故。

Ａ、Ｏ型民族最大的毛病就是只看到Ｂ型的部分缺點，就斷定Ｂ型民族是劣等民族。像日本無視於Ｂ型的性格，一味以紀律或潔癖來壓制Ｂ型，到最後可能淪為「亞洲的孤兒」也不一定。為了多理解中國、韓國、東南亞、印度等國，日本實在有必要對Ｂ型民族再重新認識。

半東方半西方的日本

日本為什麼會一半東方個性一半西方個性？由血型可以得到最佳的證明。血型主體是Ａ、Ｏ型，這點頗似歐美，但Ｂ型比例有十％左右，比起全然沒有的歐美，又高出太多，所以，剛好介於東方與西方之間，實在是一個很奇特的民族。

Ａ型的特徵表現於宗教就是多神教。但感性與理性強又屬於Ｂ型的性格。處在這種特異的位置，可說好壞兼有。壞的一面就是崇洋心理太重，這方面應多壓抑Ｂ型的特性，與Ａ、Ｏ型社會配合，以免使社會全體顯得雜亂無章。

好的一方面，就是容易了解東西雙方的民族性，身處亞洲，卻比其他亞洲人更了解歐美的特性，而又比Ａ、Ｏ型民族更了解Ｂ型的民族。

成為國際人的方法

最後談到血型與成為國際人的關係。

O型對陌生人的警戒心過強，這一點應該特別注意，不過像一些知識份子似乎又有媚外之嫌，也是矯枉過正。

A型向來保守慎重，很難成為國際人，又是唯美主義的推崇者，絕不肯開口說洋涇濱的英語，這就使他們更難躋身於國際舞台上。

不過，由於他們國家意識強烈，堅持自己一定是台灣人，反而使外國人刮目相看。應更發揮服務精神，為外國人多介紹本國事務，同時更容易和人親近，就不失為優秀的外交人才。

B型豪放不拘，四海之內皆兄弟，和外國人交往沒有任何隔閡，食衣住行方面也沒有什麼太大的問題。

只是善惡不分的個性頗令人引以為憂，很容易被人所利用。

談到AB型，是最有資格成為國際人的。他們沒有成見，能以坦蕩的胸懷突破民族之間的藩籬，既不會產生仇隙，又能圓滑處理，只是當一名外交官的話，又顯得不夠積極，所以很難成為駐外大使，最好再大方一點就好了。

第三章　由血型看領導人的條件

推動組織的領導人物與血型的關係

要成為一個優秀的領導人，最重要的兩件事就是：一、正視自己的弱點；二、努力克服自己的缺點。

人只要遇上自己擅長的事情，總是如魚得水一般，積極地奮鬥不懈。一旦碰到討厭或不拿手的事，就需要很大的勇氣才能突破。俗語說「勤能補拙」，只要多下功夫，一定有辦法改正自己的弱點。但是一般人耐性不夠，發現自己不如別人的地方，即使是微不足道的缺點，也極力掩飾，不求根本解決之道。

俗語說：「欲速則不達。」「江山易改、本性難移。」與生俱來的本性豈是一朝一夕就改得了？最好先認識每種血型的弱點，慢慢改造自己的性格——這種方法不僅最有效，也是最佳的捷徑。

不論那一種血型，能充分發揮領導才能的人，必定有意或無意的徹底糾正自己的缺點。對一個首腦人物而言，若具備血型的知識，充分應用，那麼，任何工作領域都能發揮良好的效果。

O型成為領導人物的條件

O型的長處與短處

台灣O型人佔四四％，可說要了解台灣人，不妨先了解O型。

長處與短處絕不是風馬牛不相干的兩件事。某種氣質或行為傾向，因表現方法不同，有時是優點，有時卻成為缺點。歸根究底，兩者是相通的。

此處先從O型的長處與短處談起。

〔長處〕

•實踐能力強、意志堅強、努力型。

•熱情洋溢、善解人意、值得信賴。

•有向上心、鬥志強，熱心指導別人。

•好勝、獨立、精力充沛。

- 有理想、有原則，說話簡潔明快。
- 淡泊名利、天真活潑。
- 生命力旺盛，判斷切實而慎重。

〔短處〕

- 為達目的，不擇手段，過於牽強。
- 佔有慾強、主觀、霸道。
- 權力慾強，容易成為野心家。
- 愛打架、叛逆心強，過於個人主義。
- 幼稚、單純，思考方式過於偏狹。
- 自我表現慾強，好惡強烈，態度強硬。
- 聒噪、愛講話。

以上這些長處與短處，可說是起源於下列O型的特性。

O型顯著的特性

O型的鬥志很強。O型的生存慾望很直接，懷有崇高的理念，是一位理想主義者，儼然一副社會學家的模樣。由於自負心強，知識吸收力大，不像禁慾主義的A型，能成為一個大思想家或大宗教家。

不過從反面來說，由於O型以直接滿足慾望為目的，所以走偏的話，容易成為無惡不作的大壞蛋。一般殺人犯不顧一切的趕盡殺絕，就是典型O型的精神，當然這也不能一概而論，反正O型不論善惡，都有貫徹始終的精神。

由於抱著堅定的目標，因而O型的權力慾也很強。厭惡強權欺凌，在社會中，非常注意自己和別人的權力關係。從好的方面來看，很有上進心，從壞的方面說，容易流於權力爭奪之中。

另一個特徵是自我表現慾很強。喜歡交朋友，指導他人。人類是群居的動物，對O型而言，最適合形成團體。即使獨來獨往的人，這種傾向也很強，會盡力廣交益友，漸漸形成一個集團。相反地，對其他人——也就是敵人，嫉惡如仇、敵我分明。O型對朋友忠心耿耿，但對朋友以外的人，則存著很大的戒心。

此處再列舉O型的兩個「毛病」，將更有助於了解O型的人。

其一是「喜歡說教」，無論是達官貴人或販夫走卒都有這個毛病。據說O型的王貞治也如此，他精湛的球技是大家有目共睹的，但也特別喜歡向別人說教，只要三杯黃湯下肚，話匣子就打開了，然後滔滔不絕談打球的技巧及如何成為一位優秀的職業選手等等，聽說他的夫人也是如此。

其二是「多話」。同樣是說話不經大腦，B型給人的印象是可愛、愛撒嬌，O型就流於長舌之輩，容易和四周的人產生磨擦，樹立仇敵。

如果能改進這兩個壞毛病，O型可說是一個十足的大好人，很容易相處。

O型與企業家

O型領導人的特徵，從容、安靜、無憂無慮、樂善好施，講求在上者的尊嚴。希望部屬惟命是從。他也知道團體的力量能左右工作的業績，所以儘量尋訪賢才，重視與部屬之間的人際關係，疏通各種不利的管道，是部屬眼中的好主管。

雖然本身對部屬要求嚴格，但私下卻非常愛護部屬，吃苦耐勞，會聽取他人的意見，值得信賴，人情味濃厚。

但是，溝通工作做得不夠完善的時候，立刻變得疑神疑鬼，即使部屬忠言相諫也未必採納。

另外，倘若過份重視人際關係，就變得神經質，無法與部屬和睦相處，因而產生不必要的誤會，甚至會一意孤行，弄得眾叛親離。

O型是很講求原則的人，他和A型、B型不同，會抓住事情的重點，重視結果——有時因為過於重視結果而忽略過程。

O型的創業者，一般而言都是鬥志旺盛、不畏困難的，所以才能闖出一番事業。

O型名人總的來說，O型人大多衝動、自信、熱情、成功慾望強，一般來說，這些性格通常都是優點，但事物通常都有兩面性，也就是說O型人的這些優點也恰好是他們的缺點。這些缺點有時會影響一個人的一生。

天才音樂家蕭邦這位身上帶著O型人浪漫氣質的音樂人，創作了大量有影響力的作品，其中很多都是來自於女人戀愛時期，因此，他被人們稱為「在女人身上找音符」的音樂家流行的血型與性格對應關係。

O型名人：伊莉莎白女王二世（英國女王）、約翰・列儂（英國甲殼蟲樂隊主唱）、貓王（美國歌星）等。

彌補O型上司缺點的幫手

O型領袖很容易變成一個獨裁者。他最大的缺點就是一旦決定要做，就算不擇手段也一定要達成，往往忽略了其他人的想法，所以常招致失敗。再加上權力慾很重，有時會昧於名利，看不清事情，不如A型的人謹慎。

要彌補其缺點，除了本身應加倍努力之外，還需增加一位幫手，這點和B型一樣。O、B型都容易流於一意孤行，需要一位助手來輔佐。

一般而言，O型的最佳幫手是B型或AB型。B型的才能、個性很容易得到O型的賞識，另外，AB型也是很好的人選。兩種類型正好是極端，可收互補之效。對熱情的O型而言，冷漠的AB型恰可控制住自己急躁的性情。

O型和A型的組合也不算太壞。因為A型對O型有守護的關係。O型當前鋒，

A型做參謀，可使O型情緒穩定，不失為絕佳的搭檔。A型忍辱負重的個性，恰可忍耐O型的咄咄逼人與直斷直行的個性，是很穩定的一對組合。

O型加上O型的助手，兩人逞強爭勝，問題可大了。雖然同是O型，容易建立起共同的目標、共同的意識，發揮同志之愛，但兩人之間一旦產生磨擦，將不可收拾。如果兩人的年齡、實力、地位有很大的差距，可能情況會好一點，要是差別不大，極可能產生權力爭奪戰。

與O型上司相處之道

前面提過O型對朋友之外的人警戒心特別強，所以，首先建立起「朋友」的關係是非常重要的。

最好和O型長官一起共患艱難，則你們的感情會大大地提升。當然O型為領導人時，身為部屬的當然有很多機會與上司切磋、接觸，但這還不夠，固然上司、部屬、同事的關係應彼此信服才對，不如在私交上下功夫，建立一種「特別的人際關係」，才會無往不利。

譬如：一起小酌、一起出差、培養共同的興趣等……。藉著O型喜歡說教的弱點，常常去請教問題，形成一種師生關係將更有利。

有一個公司總經理每天早上都提早一個小時到公司上班，後來課長知道了，也每天提早一個小時去上班，如此兩人閒聊的機會增多，日積月累，成為莫逆之交。要贏得O型主管的歡心，最好是建立起「朋友」的關係。

此外，碰到O型上司，用「這件事由我一人承擔」這一招也頗有效。因為O型本身責任感重，又有些神經質，這麼說的話將會博得上司的好感，而且不必擔心責任真的會落在自己頭上，O型上司絕對不會讓部屬吃虧的。

報告事情絕對要據實以告，千萬不可馬虎行事，否則一旦被發現的話，將會吃不完兜著走。如果報告得體，O型上司會對你刮目相看。

O型上司是一個實質主義者，也是非常重視結果的人。不管你在過程中如何盡心，只要結果不佳的話，仍然徒勞無功，這點必須特別小心。

發生衝突或錯誤時的解決之道

想改變O型上司的觀念無疑痴人說夢話，現實派的O型上司，如果發現自己有錯，事後會簡單的修正，所以，與O型上司觀念衝突時，不必太堅持，過一陣子再談比較好。

另外在會議上，不妨盡情發言不必顧忌，只要不牽涉人身攻擊，儘管直言無妨。犯錯時，只要不是太嚴重，默認即可，影響不大的話，O型上司不太會追究，然而還是據實相告，坦承錯誤比較好。O型對有責任感的部屬很有好感。

萬一犯了大錯，自然更要坦承相告，而且越早越好。

如果還有補救的餘地，就要搶先一步，與上司商量解決之道。或許會遭來一頓痛罵，但這是O型的通病，罵過就沒事了。不過在事情弄僵之時，千萬不要有第三者介入較好。

與O型上司相處的禁忌

O型的特徵是喜歡稱兄道弟，在私下場合，若有機會的話，儘量親近才好，甚至平起平坐都無妨。

家族相處時，最好招待到家裏更能拉近感情，被邀請時最好也不要拒絕。但絕不可以強求，O型頗重視隱私權，喜歡保有私人的秘密，這點身為部屬必須多加體諒。

最後，和O型上司相處，還有一項不可不注意的禁忌。

O型上司最討厭的就是好爭辯和八面玲瓏的人。太愛爭論的部屬，只會惹O型的反感，沒有其他好處。

此外，O型對是友是敵非常敏感，如果你是一個八面玲瓏的諂媚者，O型自然覺得你對任何人都拍馬屁而不信任你。要和O型上司建立良好的關係，還是彼此多交談、多了解才是根本之道。

A型成為領導人物的條件

A型的長處與短處

台灣人A型佔二七%，日本人有三八%都是A型，要了解日本人，不妨先從了解A型開始。

〔長處〕

- 有團隊精神，富協調精神，有責任感、義務感與使命感。
- 尊重紀律，遵守倫理道德，愛乾淨、公私分明、生活踏實。
- 一絲不苟、行動慎重。
- 體貼別人、服務心強、謙和有禮。
- 耐力強，具犧牲精神、任勞任怨。
- 思慮縝密、有理性、行為有節度。

- 是非分明、重理念。

〔**短處**〕

- 過於小心，在意別人的批評。
- 不風趣、重視形式。
- 喜歡挑剔，為自己的行為辯護。
- 常批評別人、固執、多嘴。
- 善於逢迎，不知心裏在想些什麼。
- 悲觀主義、沒有自信、容易絕望。
- 愛講道理、頑固不冥。

由此可以看出，A型的優點和缺點其實同出一轍。他們尊重團體的規則、不踰矩、有服務精神，這都是很好的優點。如果從反面來說，就可能流於圓滑、處處逢迎的小人。

總括來說，A型的基本氣質是愛好和平、個性謹慎，能順應社會潮流。

即使同樣是A型人，因為後天環境、朋友、立場、狀況等種種因素，也會產生不同的個性（這一點其他血型亦然）。有的A型舉止優雅得體；有的卻固執得很；有的開朗樂於助人，有的卻孤僻成性，可以說各種人都有。雖然有這麼多不同的類型，但本質上都是相通的，可以找出他們的共同點。

A型顯著的特性

為了徹底了解A型的個性，必須從下列三點著手，下面三點是A型最顯著的特徵。

首先，A型有明顯的雙重性格，他們非常重視「理」。凡事講理，而且追求完美、厭惡強詞奪理的人。這種好勝不服輸的個性，居四種血型之冠；不過因為本性與社會調和，所以會適當的壓抑住。

壓抑的程度因人而異，但大部分的A型都會適可而止，其中又分為兩大類，一是消極的、一是積極的。前者個性比較沉靜，後者偏向好動型。

當然也有例外的情形，像有些藝術家或運動員，自我克制的能力比較差，常常出言不遜或恣意而為，不符社會規範，但這種情形比較少。

自我壓抑絕不是一件輕鬆的事，幾乎大部分的A型都有自我解放的念頭，所以有些A型人面善心惡。另外有些人則為摯友赴湯蹈火，這也是A型的第二個特徵。

第三個特徵是喜歡鑽牛角尖，因而走極端，所以有人說A型是「自殺型」，就是這個緣故。

A型與企業家

A型的性格比較冷靜，手腳不慌亂，理智，對待事務態度較為嚴肅。

如果A型成為主管，會是怎樣的主管呢？

如前所述，A型是一個有責任感、心思細密、尊重團隊精神的人。他們一旦成為上級人物，無論事大事小都要管，每位員工的動態都要掌握住，看到部屬忠心耿耿才有安全感。工作方面嚴格指示部屬，也會追究責任。因為A型很固執，所以上司說什麼，部屬最好全盤接受比較好。在A型主管手下做事要嚴守公司規定，不要太主觀，一般主管都比較欣賞有責任感的員工。

就是因為管得太嚴，常引起員工怨聲載道，他的過分要求，常會弄巧成拙，使員工不滿，這一點身為主管的A型，應該多加注意。

A型人一旦成為主管，多少會擺架子，因為A型的自信心很強，又具有領導能力。如果沒什麼自信的主管，一般都表現得慎重、小心，很難從外表看出他內心在想些什麼。

A型若成為企業家，將會腳踏實地一步一步邁向成功之途。最典型的代表是松下幸之助的顧問們。

他們凡事按部就班，慢慢擴大銷售網，管理合理，人盡其材，訂定嚴格的經營方針，使得松下創下今日的佳績，在在都流露出A型堅忍的氣質。

日本人的組成份子多數為A型，這是眾所皆知的。其實這項資料經過三次調查才發布的；第一次調查是一九七六年，當時是O型第一位（三六％），A型第二位（三三・六％）；短短幾年間，A型由第二位躍居第一位，可能是經濟進入低成長期，各企業要求堅忍慎重的A型來拯救危機吧！

A型是很能守住一切財富、業績的人。俗語說：「創業容易守成難。」這一點A型佔了很大的優勢，他們知道守成的困難，所以更會傾全力去維護原有的事物。

藤原紀香出生於日本兵庫縣，是一九九二年日本小姐的冠軍，作為A型人，藤原紀香極富A型人的魅力，她身材極棒，笑容燦爛，尤其是她淺淺一笑的時候，成熟中見嫵媚，因而有性感天后之稱，再加上她性格直爽，受到男、女觀眾的共同欣賞。紀香一直是廣告商人眼中的寵兒，其代言的產品均有不俗的銷量。目前，紀香有日本藝人的廣告排座上位居榜首。

A型的人有一個重要特質，謹慎。他們懷有強烈的自我不相信觀念，所以，一般都要極力掩飾自己的真正形象，謹慎為人，裝出一副非常正經的面孔。湘軍統帥曾國藩就是這樣的典型。

曾國藩一生行事謹慎，時刻不忘修身養德，以孔孟思想作為自己的精神力量，克勤克儉，特別是在位高權重之時，也能夠謹慎行事，終於避過很多權臣盛極而衰的悲慘結局，善始善終，這與他謹慎的個性有直接的關係。

投機性格的基本特徵是什麼？投機者的個性有什麼不同之處？投機者有三大特質：一是眼光超前，二是粗明細緻，三是敢於冒險。關鍵是他們善於算計。

A型人善於算計，精通投機之道，秦國宰相呂不韋就是一個典型。具有A型特質的呂不韋，是我國歷史上少有的商人出身的大政治家。一夜之間，他由一個與政治毫無關係，與秦國無親無故的純商人，一變而成為秦的相國，篡權十餘年。並以三朝元老和「仲父」的身份，輔佐我國第一個皇帝。

這個普通商人是如何躍上政治舞臺的？又是怎麼樣在與秦國的交易中做成一筆筆大買賣的呢？呂不韋靠的就是A型人特有的心理和個性。

A型人只承受了O氣質中固執的一面，而未接納妥協的一面，所以，他們為了讓別人承認自己，為了阻止別人對自己的攻擊，是要鬥爭到底的，決不肯認錯。他們一旦受到指責，便極力為自己辯解，以此來穩固自己內心中的防衛屏障。

歷史上，性格倔強的人不在少數，但像美國第二次世界大戰中赫赫有名的五星上將麥克阿瑟，那樣倔強到極端的卻不多。麥克阿瑟一生可說是成也倔強，敗也倔強，從他一生成敗沉浮，可以發現他具有典型的A型特質。

A型人中的自信過剩是最具頑強性格的人。他們一般不接納他人的意見，目中無人，不管與他人討論、研究什麼問題，他都已經自有一套答案與做法。他不願變更自己設定的想法，非常頑固。

如果失敗了，他只是內心反省，不會表現於言辭與表情。故此一類具有A型特質的人，其責任感總是異常強烈，對自己近乎殘酷，一旦感到未盡到完全的責任，內心的自我責備比任何人都嚴厲。

不善言辭的「奮鬥者」，汽車大王亨利・福特就是A型的代表。他生性頑強，極具進取心和挑戰性。

A型名人有：奇美實業許文龍、何麗玲、希特勒、老布希、「小甜甜」布蘭妮（美國歌星）等。

彌補A型上司缺點的幫手

當完美主義的A型上司要求過嚴時，部屬就會發出不滿的怨言，於是不安的情緒開始瀰漫，這時A型部屬或O型部屬可能會率先反抗。

關於O型，容後再述。至於A型與A型，由於本質相同，最能彼此溝通，部屬也能覺察出上司的苦惱而給予安慰協助，本來是一對很好的搭檔，可是一旦反目成仇，造成對立的局面時，就變成不可收拾的僵局。

因為兩者都不易平復情緒的起伏，也不能容忍對方的過錯，就這樣僵持下去，最後弄得兩敗俱傷，從此決裂。

另外A型和O型，剛開始很容易相處，不過A型的上司與O型的助手之間，常常潛伏著許多危機。A型上司神經過敏，大大小小的事都要管，而且要求助手任何事都要聽命，如此一來，兩人就產生仇隙。

提到A型的幫手，AB型是最佳人選。AB型是屬於理性的合理主義者，個性又溫和，極能應付A型，是A型信賴的好助手，另外，B型也不錯。

如果A型能多注意自己的缺點，業績就能屹立不搖、永保長青，再發揮其穩重的特性，業績便能蒸蒸日上。

假若A型主管是位能力卓越的優秀主管，必能鎮住O、A、B、AB所有的血型，即使是容易發生問題的A型和O型，也會被上司震懾住，不敢有任何微言。因為身為部屬的A型，本身就是遵守秩序、壓抑自己的人，再加上主管的鎮壓，更不會有意見。而O型是一個很重視能力的人，一旦知道自己能力不如人，自然會默不作聲，趕快培養自己的能力要緊。

與A型上司相處之道

A型上司是一個風度翩翩、禮貌週到的人，所以很好接近，而且A型服務精神很強，不會無故與人起爭執，對部屬也很和善熱情，常把笑容掛在臉上，博得一般員工的好感。不過有時疏忽了，會出言不遜，這一點需要特別注意。

此外，A型最討厭鮮恥寡廉的人，對別人給他的印象也很重視，一旦留給他惡劣的第一印象，以後想要改正就難了。所以第一次面試必須特別小心。

要獲得A型上司的信賴，絕不可操之過急。因為A型對其他人的警戒心很強，要得到他的信賴，必須花費相當的時間，一旦被信賴之後，就不容易動搖。

拍馬屁的人最惹A型反感，倒不如腳踏實地的做事，以工作的實績證明能力。

有些A型上司給人「孤僻」的印象，所以，對於A型上司的心情及說話都要儘量體會，也就是所謂的「察言觀色」，只要你在這方面多下功夫，時時關心A型上司，將很容易獲得他的信任。

一旦上司認為你很誠懇，進一步就要多交談，建立彼此的良好關係，這件事當然也不能操之過急，必須一步一步慢慢來，只要有朝一日A型上司認為你不錯，一切問題就可迎刃而解。

工作的態度方面，A型上司最喜歡細心謹慎的人，因為他本身就有這種傾向，萬一你向來粗枝大葉，可要小心了。相反地，你本來就是一位小心謹慎的人，那可佔很大的便宜。

發生錯誤或爭執時的解決之道

一旦犯了錯誤，無論多小都要據實以告。不報告的話，A型上司認為你無視於他的存在，立刻勃然大怒。這時候最好遵守指示改正錯誤，事後還要向上司報告：「這樣可以了嗎？」最少也要讓上司知道你曾經努力改正過。

A型上司有一個好處就是不僅注意結果，也重視事情的過程。即使犯錯，只要有心改過仍然可以補救，而且A型上司對部屬犯的過錯，也會負起最後的責任。

被罵的時候不必低聲下氣，裝著一副可憐相，如此反而使A型上司感到厭惡，引起反感。

A型過分注意小節，常常嘮嘮叨叨，這是他們最大的缺點，身為部屬只好多忍耐了。

假使A型上司一直滔滔不絕的說個沒完，下屬員工最好保持緘默，耐心聽完。犯錯時，表現出馬上改過的態度，最能獲得A型的信賴。有事相諫，最好保持謙虛的態度，溫和有禮地說：「如果能這樣修正的話，不是更好嗎？」千萬不要用太強硬的態度。

事實上，即使這樣委婉勸諫，有時仍然行不通。A型上司一旦對部屬死心，是很可怕的。他對某人有了成見，就會發揮完美主義者的個性，根本聽不進一句話。如果部屬一、二次建議他還會聽，太多次的話，就會想部屬是不是認為他無能而不高興。

A型服務精神很強，常常不甘落於人後，這也是他們最大的特徵。若想討好A型上司，就得多費一些心機。譬如有人提出很好的企劃案，A型上司正高興之際，你不妨趁此機會附和一番，往往有很好的效果。

即使是無趣的長談，最好也要笑臉相對。A型上司看到笑臉盈盈，會覺得對方善解人意。他也會評價別人的服務精神，作為看人的標準。

發生衝突時，最好一次解決，不要拖泥帶水。A型是四種血型中最會記恨的。一旦起衝突，A型很少會先低頭認錯。或許身為主管，態度會有所改變，這也是極少數的例外。假使有了爭執，除了花一點時間，儘量和解外別無他法。

A型上司最不喜歡自我炫耀、不守規矩又我行我素的人。自我表現慾太強的部屬，很難合群，也易引起他人反感，更難獲得A型上司的歡心。

A型上司一般都很重視秩序、是非分明，自然不喜歡不尊重長輩、隨便與人搭訕的類型。當然如果是和上司的上司打交道，那又另當別論了。

B型成為領導人物的條件

B型的長處與短處

B型人的性格，似乎對所有的事務都好奇，有興趣，富有創造性。

台灣B型人佔二三%，以下是B型的長處和短處：

〔長處〕

- 不墨守成規，思想富彈性、富創意。
- 經常有改革現狀的志願，不排斥新的事物。
- 個性開朗活潑，對任何人都一視同仁。
- 興趣廣泛、好奇心強、專心。
- 不拘小節，也不抱任何成見。
- 行動積極、判斷正確而迅速。
- 有人情味。

〔短處〕

- 不太注意四周的人事，任性、一意孤行。
- 容易對某事厭煩，易發生外遇，只關心自己有興趣的事。
- 情緒起伏不定、厚臉皮，不注意他人的反應。
- 說話不經大腦，容易亂說話惹人生氣。

●好管閒事，輕信寡諾。
●經常食言而肥。
●草率易受騙。

B型和其他血型一樣，缺點和優點也是一體兩面。由於不墨守成規，所以思想有彈性、富創意，能積極吸取新知。相反地，由於不太遵守規範，容易任性，恣意而行。喜歡照顧別人的優點，若矯枉過正，就變成好管閒事了。

B型顯著的特性

B型的氣質和A型比較起來，很多正好相反。像組成份子大多是A型的日本，就不太適合B型居住。

B型無法和四周的人和諧相處，最後會被排斥或拒絕別人。另一方面，由於意識到社會的適應力很低，所以從小就對任何事都戰戰兢兢的，長大之後，有些人給人的印象是心直口快，有些人則不善應酬交際。B型若是活潑外向型的，很容易得罪人，所以在言行舉止方面，要多收斂。

除了我行我素、活潑、好動的特性之外，B型還有兩個顯著的特徵。

其一，B型是天生的「善變族」，無論思想或行動都一樣，對於他們這種不可能一成不變的思想，老實的A型是無法理解的。

小時候可能還比較循規蹈矩，長大成人之後，就會一心二用，慢慢發展出自己的興趣，最後任何事都要插一手。做得好的話，將是一個多才多藝、生活浪漫的才子。做得不好，難免變成一事無成的浪蕩子。

其二是脾氣暴躁。B型的人雖然隨和容易親近，但討厭外來的束縛，對別人的意見或成規總有反抗之心，很愛和人唱反調，別人說白，他偏說黑，有百分之九十的人都贊成的事，他偏要標新立異反對，這是B型人很大的缺點。

假如不太過分時，別人還認為他們勇於創新，如果太過分（尤其在一個團體中），不考慮時間、場合、情況，只憑自己的喜好行事，很容易引起別人的反感，應特別注意。

B型與企業家

B型上司和A型上司相對地，給人的感覺是豁達、開朗、平易近人。

B型一旦成為領導人物，員工有很大的好處。即使年齡的差距懸殊，但B型上司仍會把員工當做朋友看待，沒有上司的權威，也不擺架子，員工都覺得B型上司是很隨和、善解人意的好主管。當然他們也有不好的一面。

A型對任何人的行動都很敏感，所以觀察入微，深知員工的問題所在；B型正好相反，他們大而化之的性格，如果不說，根本不知道部屬的反應。同時因為不太重視團體的紀律，對一個組織而言，不能有效的管理。常常在會議中途改變話題，變成閒聊或莫名其妙地又正襟危坐地開起會來，使員工無所適從。如此很容易遭到一些工作態度嚴謹的部屬產生不滿的情緒。

在分派任務方面，B型主管也不擅長，加上又喜歡插手、插嘴，更容易弄巧成拙。最常見的B型上司的口頭禪是：「好了，這件事就放著讓我處理好了。」或「什麼？還沒辦好，要是我來辦的話，早就辦好了。」嚴重打擊員工的士氣。

B型上司應多重視團體秩序，對部屬的責任要求也應該有一套明確的指示。

B型的名人有：保羅‧麥卡錫（英國甲殼蟲樂隊成員）、里昂那多‧迪卡普奧（電影「泰坦尼克號」男主角）、傑克‧尼克遜（美國著名男演員）、保羅麥卡特泥（前甲克蟲樂隊的主唱）、米特朗（前法國總統）、黑澤明（日本著名導演，獲得美國電影學院終身成就獎）、安倍晉三（日本首相）、能見正比古（日本血型能見學說創始人）、以撒‧阿西莫夫（科幻小說作家）、李昌鈺（國際刑事鑒識科學界的權威）、帕瓦羅蒂（世界三大男高音之一）、比利（巴西足球王）等。

彌補B型上司缺點的幫手

B型員工特別容易獲得上司或長輩的疼愛，很容易嶄露頭角，鯉躍龍門。另一方面，為了彌補B型這種我行我素的個性，的確需要一個好助手從旁協助，相輔相成，才能收相得益彰之效。

O型、AB型都是B型上司的好幫手，不過雖具有同等的實力，因血型不同，仍然有所差別。

A型會使B型上司發覺自己竟是一個頗為風趣的人。B型員工和B型上司同一個鼻孔出氣，所以能使B型上司感到放心。O型則讓B型主管覺得部屬是一個很有個性的人而格外愛護。AB型講理的個性也使上司覺得心服口服。

對B型上司而言，的確需要一個有力的參謀做助手，才能使團體更加和諧。當然每一種血型都需要助手來截長補短，可是B型生性草率、不重小節，又常一意孤行，造成孤立的後果，所以，更需要得力的助手從旁輔助。這樣在公司才能透過助手的維繫，與員工建立起友誼的橋樑，鞏固團體的力量。

助手還有一項好處，就是彌補B型粗心、反應遲鈍的缺點。B型的粗心似乎是天生的，沒法改變。還有他們只關心自己有興趣的事物，其他一概視若無睹，也是很糟糕的事。這一點非常需要別人從旁提醒、協助，才能使錯誤減到最低。

若有O型為助手，可使B型上司行動更為積極，團體更蓬勃發展。O型一方面使B型上司保持富有創意的優點，一方面做協調的工作，提高向心力，使業績蒸蒸日上。

A型也是不錯的人選，他能妥善辦好一切瑣事，達到B型所要求的工作，實可截長補短。

ＡＢ型能了解Ｂ型不拘小節的個性，發揮輔佐的功能。同是Ｂ型的助手，對上司的心意幾乎摸透了，所以上司也很放心。上司想要做的事，Ｂ型部屬會搶先一步實行，誠然是最佳拍檔。

不過，再完美的結合難免也會有齟齬的情形。如果彼此知道對方的優缺點，互相容忍就平安無事。否則一旦爭吵起來，任何血型都可能因此決裂。

Ａ型助手會無法忍受Ｂ型上司的不明是非，憤而離去。Ｂ型助手忘了自己的身份與上司平起平坐，引起上司的不滿。Ｏ型的踰矩作風，有奪權之虞。ＡＢ型事不關己的冷漠態度，使Ｂ型不能原諒……如果不能找到一位好幫手，Ｂ型所領導的團體也無法維持長久。

Ｂ型上司應多建立起公私分明、是非曲直的標準，尤其在用人選才方面，應特別小心。

與B型上司相處之道

和B型相處時，應格外注重精神方面的契合。B型向來率性而為，話題也莫衷一是，不太注意身邊的人事。但他們絕對沒有惡意，只是天性使然罷了。

如果你有點神經質的話，那麼和B型交往，是在四種血型中最快樂的事了。也許有人覺得B型不善交際、不會做人，可是正因為他們這種不拘小節的個性，如果部屬犯了小錯，通常他不會計較的。即使一時發了很大的脾氣，不久就雨過天晴了。

此外，B型也很平易近人，一開始就讓人覺得可以信賴。不過這是因為他們生性坦率，易於親近，和那種託付終生的信賴不同。與B型交往，要多小心，不要被那開朗的個性給騙了。

要讓B型信賴，首先要了解他的思想並贊同他。B型說話往往天馬行空亂講一通，如果你專心地洗耳恭聽，B型一定會很感激你。不管如何，身為部屬的當一個好聽眾就沒錯，如果你肯不厭其煩地聆聽B型說話，相對地，他會毫不保留地把心事都說出來，不知不覺中，你們的友誼也增進了不少。

因為善於逢迎的人很多，所以即使交情很淺，最好也能談些知心的話，才能博得B型上司的青睞。不過有些上司只喜歡談公事，其他不願多說，身為部屬的就要多觀察，以免弄巧成拙。

B型上司也相當注重別人的能力。工作勤快、有效率的員工必定會受器重。

B型上司有一個很大的特徵，凡事擬訂大綱之後就交給部屬全權處理。剛開始時，如果部屬在細微之處吹毛求疵，上司會覺得部屬無能。可是部屬若依自己的辦法行事，只要成果不錯，B型上司不會在意的。

B型上司並不會太干涉部屬的一舉一動，只是發現員工不妥時，才適時糾正而已，所以部屬在行事時，必須向上司做定期報告，請求指示。

發生衝突或錯誤時的解決之道

犯錯時，無論如何都要坦白地說明事實經過，報告清楚，如此B型上司才會很快地寬容你的過錯，絕對不要強辯。若是經過一番討論，最好也讓上司處理結果，有人情味的B型通常心腸都比較軟。

由於B型情緒起伏很大，所以，你可能遭來一頓臭罵，只要忍耐一下就好，過後就沒事了。

和B型上司相處時，應該諒解的是B型大多不會察言觀色，有時候不能體諒你的處境。

若是A型上司，或許從你的眼神就可看出你有什麼心事，但是，B型則完全行不通，你不全盤說出，他根本不知道你在想什麼。

最好養成一有事就向B型上司報告的習慣，千萬不要夢想B型上司主動來詢問你的情況。

私下相處時，最好先訂個計畫，再去邀請對方。像旅遊之類的娛樂最適合B型的口味。相邀時不妨順便多邀幾個同事參加，以免有巴結上司之嫌。因為B型常常情緒上鬧彆扭，所以儘量不要讓他受冷落，多照顧他，使他有被重視的感覺。

到府上去拜訪也不錯，但絕不能貿然前去，否則會使對方措手不及。如果讓對方有心理準備，將會大受歡迎。

B型上司最討厭的就是鈍如「頑石」的部屬，平時不會談笑風生，又沒有辦事能力。或是說話顛三倒四，一會兒召開會議，一會兒又臨時取消。這種優柔寡斷、才能平庸的部屬是B型上司最不能忍受的。

不過儘管你事事條理分明，據實稟告，有一點必須特別注意的，就是不可批評上司的能力或懷疑他的意見。B型向來對自己的能力、才藝、手腕有很強的自信，一旦被傷害，將會掀起一陣軒然大波。所以不該說的話，絕對要閉口不談。

AB型成為領導人物的條件

AB型的長處與短處

台灣AB型人佔六％，以下AB型的長處和短處：

〔長處〕

- 有理性、沉著，不輕易流露感情。
- 善於分析，見解矜持。

- 具有奉獻精神，樂於助人，待人親切。
- 觀察敏銳、感情細膩，有夢想。
- 應付得體、不喜爭執，權力意識薄弱，不干涉他人。
- 有正義感，討厭假慈悲的人，重視名份。
- 思想多元化，能設身處地為他人著想，理解力強。

〔**短處**〕

- 冷漠無情，任何事都能放棄。
- 無法交心，缺乏誠意。
- 喜歡批評第三者。
- 沒有耐性，無法貫徹始終，意見也朝三暮四。
- 能力強所以不依賴別人，也不信任別人。
- 略嫌稚氣，沒有修養，生活不踏實。

AB型顯著的特性

AB型善解人意，對自己和身邊的人要求嚴格，其性格大致歸類為下列四點：

第一，他們的性格傾向總帶些人工色彩，和講求自然的O型大相逕庭，向來和社會保持距離，這種距離感使他們能保持冷靜、公平的態度，不被個人主觀意識所蒙蔽。這種公平的本性，使他們與生俱來就是愛好和平者，有些AB型第一眼給人的印象就是易於親近，如果他肯和社會配合的話，必然能成為卓越的企業人才。由於他們先天的優點，常在社會上扮演和事佬的角色，在組織中也常居中協調。

第二，AB型是理性的動物，雖然有人說他們過於冷淡，但他們的本性就是不太會流露情感，這一點和B型有很大的不同，在社會上也有很大的益處，凡事講理的AB型，嫉惡如仇，因而激發了別人所沒有的正義感。

第三，是具有奉獻的精神，對別人有無條件的服務精神。若能充分發揮這項優點，以奉獻自己為人生目標，將會受到世人讚揚。

第四是興趣廣泛。他們不積極追求名利，也不會有非份之想，所以，能在各種事物中體會出許多情趣，從而找到人生的樂趣。如果走火入魔，就變成愛幻想、逃避現實社會，只沉浸於自己編織的幻想之中。

ＡＢ型似乎無法專注於一件事上，他的能力和興趣是多方面的，但不像Ｂ型那樣，關心的幅度較廣，對任何事都保持距離，最後只在專門的一個領域獨自發展，不會弄得一事無成。

前面的Ａ型和Ｂ型可以說是兩個極端，同樣地，Ｏ型和ＡＢ型也是兩個極端。簡單地說，Ｏ型熱情，ＡＢ型冷淡；Ｏ型固執，ＡＢ型不專注。

還有一項ＡＢ型的特質，就是善於批評。有時太過份的話，會引起別人很大的反感，即使不至於得罪人，也容易遭人排斥，必須特別注意。

ＡＢ型與企業家

企業家方面似乎鮮少有ＡＢ型的，世界各國都是如此。

ＡＢ型的權力慾不大，對於不屬於個人範疇的事就不過問，所以，不太可能躍居上位。不過倒是可以躍居第二的寶座，這是因為他可以當一個好參謀的緣故。

ＡＢ型擔任上司的情形，大部份都是居中調停的，因為派系爭鬥過烈而暫時就任，或繼承家業的例子。

ＡＢ型若成為主管的話，具有穩定江山的力量。對外積極，富攻擊性；對內不以強權壓人，是一位模範上司——可是這要在他們沒有其他缺點的時候。

還好一般的ＡＢ型都有才能，若能成為一個主管，則可管理得當，也能接受部屬的意見，調和內部。

ＡＢ型的管理方法非常民主，也讓人覺得非常嚴格。不管是安排時間或手續程序，都很緊湊。對部屬絕對公平，尊重他人隱私，是很理性的上司。

這種特性不僅只有上司才有，就是一般小職員也保留了這種良好的特性，態度和藹可親，頗受同事歡迎。

如果太嚴格的話，員工也會吃不消，覺得壓力很大，責任很重，遇到大事情，不敢任意下決定。這麼一來，辦公室內的氣氛凝重，很容易有火爆場面產生。

ＡＢ型這種若即若離的態度有利也有弊，最好能保持中庸，多關心部屬比較好。

在ＡＢ型人中，有一類性格清靈、幽默的才子，他有強烈的自身優越感，他的與世無爭，其實，是一種對世俗世界的「蔑視」。他的「小情調兒」，性情是豐富的，但卻顯然缺乏豪氣，更缺乏責任意識。

著名作家、學者、中西文化交流的大使林語堂，就是幽默性格的代表人物，從他的行事風格和處世態度來看，具有典型ＡＢ型人特質。

ＡＢ型中，有一類徹底型的人，就屬於「工作狂」。他們感覺敏銳，有先見之明。太過於正直，對待人生全力以赴。具有出類拔萃的活動力，有膽量，而且即使工作愈來愈繁重，交往的物件越來越複雜，他仍可沉著冷靜地去應付。典型的代表名人是比爾・蓋茲。

ＡＢ血型的莫多克就是一個典型的冒險家，他是國際知名的傳媒大亨。他在二十二歲的時候從父親手中接過了名不見經傳的阿德萊德《新聞報》以後，憑藉自己出眾的才華，一次次成功地冒險，在短時間內迅速建起一個勢力擴展到整個澳洲及美洲、歐洲、亞洲的傳媒帝國，他本人也因此成為一名世人矚目的世界報業大亨。

ＡＢ型的名人：李登輝（前總統）、孫芸芸（微風廣場時尚顧問、TG 設計總監）、成龍（影星）、瑪莉蓮・夢露（美國影星）、約翰・甘迺迪（美國前總統）

等。

彌補AB型上司缺點的幫手

AB型的最佳助手是B型，其次是A型。B型和AB型之間具有守護關係，是相當好的組合。AB型過於理性，常為不合理的社會風俗或常識而苦惱，B型不拘小節的個性正好彌補，互相調和。

此外，AB型和B型在觀念及知性上也頗能認同。如果能彼此欣賞、彼此寬容的話，O型也是不錯的人選。兩人可保持長久穩定的關係。

AB—A的組合，比不上A型為上司的組合。AB與AB的組合可能產生許多磨擦，無法長久（當然努力克服的話也是可行的）。

與AB型上司相處、之道

和AB型相處最重要的是坦白爽快。

ＡＢ型最討厭拖泥帶水，或聒噪不休的部屬，這或許是他們冷漠的態度所使然。如果有什麼不如意的事，坦白地說出來，可以獲得ＡＢ型的信賴。另外，對ＡＢ型的幽默報以微笑，也很有效。

ＡＢ型比較欣賞能一同快快樂樂共事的部屬，不喜歡個性太剛強的，此外，也很重視部屬的實力和才能。

不過私下交往時，千萬不要讓他覺得你有什麼特別的企圖。ＡＢ型非常重視誠實，對於好幾年都忠心耿耿跟隨在側的員工自會妥善照料。

有事報告時最好擬定計劃再呈上，而且事先決定好責任的範圍。ＡＢ型相當賞識有責任感的員工，因為他自己本身就是很有責任感的人。

在工作過程中，時時請教上司的意見，尤其不懂的地方更要虛心求教，這樣ＡＢ型上司會認為你是一位虛懷若谷，又不恥下問的好青年。

發生衝突或錯誤時的解決之道

除了公事以內的接觸外，私下最好保持公私分明的態度。不要拒絕培養共同的興趣，如果能和上司有共同的愛好，更容易打入他的生活圈。ＡＢ型不喜歡部屬到自己家中拜訪，但喜歡與部屬一同進餐，這點要特別注意。

最後有幾項是和ＡＢ型上司相處時的禁忌。

ＡＢ型極討厭假慈悲和說謊。所以在ＡＢ型上司面前，千萬不要蓄意矇騙。譬如遲到找理由、請假找藉口等都是大忌，易造成上司對你的不信任，必須格外注意。

ＡＢ型和Ｂ型一樣，不喜歡頭腦死板不靈活的人，所以在ＡＢ型上司面前，反應要靈敏才能獲得歡心。

血型與工作小組的關係

過份偏向單種血型的弊害

有人問：「開發業務的工作讓那種血型的人擔任比較適合？」或「我們工作小組以Ｂ型為主，這樣理想嗎？」固然企業組合上能活用血型的知識是非常可喜的，但目前企業家對血型似乎還不完全了解。如果不是特殊的工作，一般員工最好能四種血型兼顧。

如果一個工作小組中都是同樣血型的人，彼此刺激、競爭力減少，缺點又大致相同，將會往負面發展，難有正面的效果。再說血型如果相同，想法不免流於同一模式，發展的機會也相對減少。

譬如：小組中都是O型的話，的確能提高工作情緒，而且勇往直前充滿生氣。但是另一方面，他們都喜歡說教，不喜歡受教，只要有一個啟釁，辦公室的爭吵將永無寧日，鬥嘴變成家常便飯。加上O型好勝心強，互相競爭、互相排斥，甚至彼此毀謗，結果不是把重心擺在工作上，而是擺在如何把眼中釘打倒。

O型還有一個壞毛病，就是喜歡製造小集團。一個團體形成許多派系，興風作浪，把辦公室鬧得雞犬不寧。

如果都是A型的話，辦公室內將是一群孜孜不倦、兢兢業業的員工。沒有遲到早退，個個嚴守公司的規定，呈現一片祥和的氣氛。可是假設有誰打破成規，馬上就成為眾矢之的，一發不可收拾。

Ａ型事事分明，很喜歡說理，任何事都堅持己見，可以說是頑固派。團體中不可能沒有小爭執，所以，到最後可能演變成打冷戰或糾紛不斷的場面。同時，Ａ型的自尊心強，相對的自卑感也重，若是同事中有人晉升，自己卻不受重視，想必又是一番尷尬的情景。

如果都是Ｂ型的話，工作環境一片安樂氣氛，笑聲、閒聊不斷。不知道的人一進去，可能會被這些情況嚇住。因為大家都是樂天派，不拘小節，所以秩序大亂，遲到早退層出不窮，開會不守時，書桌上亂成一片……如果問到「某某先生到那兒去了？」大部份的同事會答：「不知道。」這時若剛好碰到Ａ型上司，恐怕早就火冒三丈了。

最糟糕的是，工作計劃無法順利進展——彼此不了解對方，我行我素，各自為政，根本不可能同心協力共同工作。

如果都是ＡＢ型的話，團體內的氣氛會非常冷淡。各人堅守崗位，互不干涉。當然，不必擔心會產生無謂的爭執，ＡＢ型向來和別人都保持距離，無論在什麼場所，都不會產生強烈的朋友意識。

正因為缺乏一股鬥志，所以整個團體毫無生氣，也沒有勝負之心，很可能因此錯失良機，使業績停滯不前。

理想的血型組合

像這種單一血型的團體，不可能保持良好的氣氛，提高工作效率。四種血型兼顧最理想，最少也要兩種，才算是差強人意的組織。O型注重現實，判斷力、思考

各種血型的能力和適合的職務

項目	○	A	B	AB
創造力	○		◎	
組織力		◎		○
解釋力		○	○	◎
直覺力	◎			○
判斷力	◎	○		○
記憶力	◎		○	
綜合力		○	○	
決斷力	○	○		
實行力		◎	○	
反射能力	○			◎
集中力	○	○	◎	
耐久力	○	◎	○	
感情抑制力		○		◎
表現力	◎		○	○
指導力	○	○		
統率力	◎		○	
人事力		◎		○
對人力			◎	○
協調性	○	◎		○
對話性			◎	
會議	○	○		
書寫工作		◎		○
調查			○	◎
整理		◎	○	○

※◎一優　○一良
沒有記號一尚可

力佳，個性單純開朗又很積極。

A型遵守紀律，工作踏實，有耐性，又善解人意，吃苦耐勞。

B型想像力豐富，思想富有彈性，反應又敏捷，任何人都能相處，又能集中精神，效率高。

AB型分析精闢，富於理性，觀念多角度，對人溫和，尤其擅長調和人際關係。

這四種血型所組合的團體才是天衣無縫。若能順其個性賦予適合的任務，使人盡其才，則必能發揮最大的效率。

譬如：準備組織一個開發新產品的工作小組，最初的構想應由企劃能力卓越的B型製作；再由O型更改，O型注重現實的個性，可使企劃案合乎實際。最後實行階段交給認真的A型去做，A型講求完美主義，必能做得盡善盡美。AB型可以擔任市場調查，營業預測等工作，也能調和整個小組的氣氛；由於他態度客觀、立場公正，不會有成見，所以，在推動整個小組進行方面有很大的助益。簡單歸納起來是B型企劃、O型銷售，A型負責商品，AB型擔任分析工作及小組溝通事宜。

當然這個例子的主要先決條件是四種血型能力都相當整齊才可能如此順利。像年齡、程度等種種因素影響，可能無法如願發揮最大的效果，事前都應考慮到。

人盡其才的血型管理學

指導管理部屬，血型活用是不可或缺的重要因素

不同的血型對事情的反應全然不同，以下是四種血型擔任銷售人員的報告，頗引人深思。

首先說O型。O型只要訂好目標，就算完成了一半，當他找到有購買意願的客人時，立刻採取積極的行動，甚至讓顧客有壓迫感。一旦發現顧客沒有購買慾，馬上轉移目標。由於O型學習精神極強，會吸收許多豐富的專業知識及資訊，這一點是其他人望塵莫及的，同時也是贏得客人信任的重要因素。

下面介紹的A型，可就完全不同了。

A型天生老實保守，最初尋找客戶就吃足了苦頭。還好他們具有吃苦耐勞的精

神，會挨家挨戶地拜訪，不厭其煩地介紹產品，說得口破舌爛，使顧客覺得他們很有誠意，因而簽下契約。當然這時A型最好稍為注意一下自己的儀容比較有利。A型限於先天的個性，很少能爬上高峰的，只要多下功夫，肯花時間，仍然不輸給其他血型。

B型平易近人，任何人都很容易和他親近，加上好奇心很強，任何事都興致勃勃，自然有豐富的話題。這二點是成為銷售人員的最佳條件。再加上隨機應變能力很強，看情形不對就見風轉舵，不致弄到尷尬的場面，而且生性開朗，凡事微笑以對，更不會產生衝突。他們相當有資格成為一個最佳的銷售人才。

AB型個性穩重，善於批評，態度客觀，能找出產品的缺點加以改進——任何產品都有缺點，所以適合從事內部工作，使產品精益求精。

由上述的例子可以看出各種血型自有其特色與氣質，這種表現的差異頗耐人尋味，唯有配合各人的特性安排適當的工作，才能充分發揮能力。但是，這種因人而異的安排並沒有一定的模式可以活用，如果一味因循舊例，依樣畫葫蘆，也非明智之舉。O型模仿A型，必然壓迫感很大，寸步難行，B型模仿AB型，根本不可能達成任務。

站在指導者的立場，應該熟知各種血型的特性，引導部屬到正確的方向，給予適當的建議。不要把對待B型的一套用在A型身上，如此只有弄巧成拙，沒有任何好處。同時還要學習活用各種血型的方法，現在介紹如下：

活用O型的方法

有人描述O型是直言率行，的確，O型是不矯揉做作的，求生意識強烈，思想簡明，非常主觀。一旦下定目標，必定不顧一切，勇往直前，然而過於堅持自己的主張，難免與人發生口角，甚至樹敵。

不過，在一個團體中，O型遠比B型容易約束，由於對能力的強弱關係非常敏感，所以，對上司的要求也很高。

要充分活用O型，最重要的是利用他的目標。明白告知工作的目的及價值，使他發揮鬥志，提高效率。就像開導B型一樣，O型也需要別人從旁提醒，身為主管必須循循善誘，告知工作的重要性，及未來的前途指向，使O型意識到這份工作很重要。沒有目的的O型，脾氣變得暴躁無比，開始敵視周圍所有事物，而把工作場所的氣氛弄得一團糟。

O型的特性是競爭性很強，雖然可以利用這一點，提高他的工作鬥志，但也可能矯枉過正，變成一個輸不起的人，順其自然最好。千萬不要在別人面前當面指責O型的不是，譬如：「某某先生，他似乎對這件事不太清楚，你去教教他。」O型一旦自尊心受傷害，必然對上司懷有敵意。

除了競爭性強之外，敵我意識也很強。O型屬於仁厚型，對朋友仁至義盡，不僅對朋友，就是家人、同事也都愛護有加，而且和A型不同，絕不流於形式。所以O型很容易和朋友組成一個小集團，只要認定是朋友的話，必定肝膽相照，即使赴湯蹈火亦在所不辭。和上司也會像兄弟一般親密。所以活用O型的另一個方法，就是使他心悅誠服，培養朋友的意識。

責備時，最好一對一私下進行。O型很愛面子，在大庭廣眾前傷害他的自尊，必定得到反效果。四下無人時，多麼嚴厲的斥責都沒有關係，只要分析利害關係，最後再加上幾句鼓勵的話，就能收到很好的效果。

最後要善用O型的才能。O型和B型不同，是一個講求專業知識的實行家。當然在現在社會中，也有不少O型漸漸吸收廣泛的知識，不再走專業路線。不過大體而言，O型在專業範圍內的求知慾特別高，應該配合他的能力交付適當的職務。但也不必指示得太詳細，使他有自由發揮的餘地。與其讓他和人合作，不如由他個人發揮實力來得更好。

活用A型的方法

A型給人的印象似乎是模範生。前面已經提過他們的社會意識非常強烈，相當在意社會的反應，對社會動向也很敏感，而且使命感、責任感都很重，是完美主義者。一旦進入某個團體，也會發揮完美主義的特性，工作認真，敬業樂群。

由於社會意識強烈，希望能肯定自己在團體的價值（國家、社會、公司、家庭等）。加上完美主義的特性，一旦不如人，很容易失去自信，這點是A型人最大的缺點。

對A型部屬最好多在口頭上嘉許，譬如：「這件事交給你去辦，我就放心了。

」「要是沒有你，這件事根本辦不成。」不過，也不能光是口頭上稱許，A型不是很容易接受別人戴高帽的，只是說些漂亮的客套話，A型不會相信，反而覺得對方有什麼企圖。

最好的方法是，針對A型的某項工作成果或優點而嘉許，才能贏得信賴。

想攏絡A型為心腹，最好能給予適時的安慰與鼓動，譬如說：「雖然這是一件小事，但我知道你的確花了不少功夫。」A型不容易相信別人，但別人體恤他，往往會心存感激而開始信賴對方，這時候你可以趁機收A型為心腹。

稱讚時不是甜言蜜語就夠了，要讓A型覺得很有自信才能收到效果。A型有自信和沒有自信的反應簡直判若兩人。所以，數落他的缺失時必須特別注意，儘量不要使他太難堪，貶謫不如褒揚來得有效。

即使非責罵不可，也不要逼人太甚。尤其是「像你這種笨蛋」之類的話，絕對不要用。A型自尊心很強，自卑感也很重，絕不要傷害他的自尊。不如用柔和的方式，或用比喻也可以。A型自會私下反省。

A型小心翼翼的個性，充份應用在工作上。如果讓他製作周密的企劃，應該很適合才對。任用A型，最好也考慮四周的同事，事先決定工作的分配，而且交待清楚，讓他放手去做。A型的反應並不靈敏，若中途改變命令，或有新的指示，會搞亂他的情緒，不知所措。所以派任工作時，與O型不同，與其一人單獨工作，不如參與團體比較好。

A型適應新工作的能力比其他血型差，也不喜歡工作內容經常變更，如果真的需要讓A型從事新的工作，上司恐怕要有相當的耐心，等待A型的適應了。

活用B型的方法

A型相當注意四周的反應，B型正好相反，根本無視他人的存在。因為缺少警戒心，所以犯錯的機會相對地增加。弱點就是只關心有興趣的事，其他一概視若無睹。加上行動、思想沒有原則，常常是非不分、我行我素、情緒不穩、率性而為，在團體中，屬於難以駕馭的一群。

雖然旁若無人，但對有興趣的事物卻能深入研究，廣泛的涉獵知識。B型是典型的「善變族」，任何事都想嘗試一下，和一板一眼的A型恰恰相反。但並不是任何事都半途而廢，只要投其所好，必定廢寢忘食地去研究。或許擁有B型部屬的上司會感到很頭疼，的確，對付B型這種人是要多花一番功夫的。

首先要使他對工作產生興趣，沒有興趣的工作，B型往往當作盡義務一樣，不會熱心去做。

B型的確缺少某種社會意識和堅忍的精神，對於趣味索然的工作，感到厭煩、暴躁的脾氣就顯露出來，成為辦公室內不受歡迎的人物。

對工作有興趣的話（一開始就有興趣的例子），就要讓他奮發。B型相當有自信，不必浪費唇舌去讚美他，倒不如直接指責缺點，諸如「如果能再修正一點，你應該能做得更好。」B型頗能接受別人的建議。

B型生性樂觀，即使一時受傷很快就恢復，即使挨罵也不要緊。必須注意的一點是，對事實及價值判斷都要明確表示，否則沒什麼效果。另外上司責罵後，最好再安排一個人去安慰他，將有畫龍點睛之妙。

在工作指示方面，最好先提示大綱，中途再給予適當的指導。如果一開始就解釋得很詳細，B型會感到索然無味，無法發揮能力。不過也不要太任其恣意而行，不如隨時在旁耳提面命比較保險。

還有一點上司要特別注意的，就是儘量剷除可能妨礙B型工作的障礙。B型一旦被拘束，能力就會減半，規則太繁瑣，也會使他減低創造力，最後可能把工作當作一件苦差事。

活用AB型的方法

AB型的行動和思想，一言以蔽之就是「合理」二字。任何事都講求理性，厭惡一切不合理及濫情的，可說是「冷酷無情」型。

加入團體，必會先認識自己所扮演的角色，在範圍內，努力扮演好。絕不插手管別人的事，若別人侵犯到自己，會勃然大怒。雖然冷淡，卻並非真正的冷酷，只要受人之託，必定欣然完成，而且不是為了自己的利益或名譽，完全是心甘情願為他奉獻。AB型平衡感很好，任何事都能勝任，是社會的中堅份子。

要充分活用AB型，首先要清楚的告訴他工作範圍。其他可以安心了。偶爾給予指示，但最後的責任最好不要讓AB型負責。

ＡＢ型參與社會，並不指望獲得高官厚祿，只為了肯定自己生存的價值，不必付出太多感情，凡事合理以待即可。

ＡＢ型擅長擔任中間調節的工作，最大的特徵就是公平、合理、判斷力正確、分析力精闢等。不過，ＡＢ型的體質不很好，容易疲倦，最好不要讓他加班，過度操勞。

非要責罵時，也得條理井然，是非分明，用講理的方式，只要說得有理，再嚴厲的責罵，ＡＢ型都能接受，不過切忌感情用事。ＡＢ型最不能忍受因一時感情衝動而歪曲事理的人，容易動怒的上司可要多加注意了。

第四章　各種血型的相處之道

血型商業學

血型有助於調整人際的關係

對血型有研究的人，經常勸誡別人說：

「了解自己和他人的血型之後，就不會那麼容易起衝突。」

「血型在人際關係中有很大的助益。」

真正了解各種血型的氣質差異，發現別人和自己的行為大相逕庭，就不至於無法忍受而動干戈了。

有位先生說過：

「我以前和B型的人處得不太好。只要談上幾句就話不投機，甚至和我沒什麼瓜葛的朋友都容易起口角。後來我研究血型學之後，才真正了解他們的個性，現在相處不會有什麼不愉快了。」

他絕不是學到什麼駕馭B型的秘訣，只是充分了解B型的行為和特性。結果自然而然消除心中原有的偏見，重新認識B型的個性。

也許一個晚輩對你說：「某某先生，這件事你最好不要太堅持比較好。」你會立刻勃然大怒。

如果你知道對方是O型人，O型本來就喜歡對人說教，知道他並非惡意，相反地，還是好心相告，你就會欣然接受。

或許你也碰過這種情形：「我為好友餞別送行，他回國後連一份禮物都沒送，真是無情。」這時不妨打聽一下他的血型。

這樣的人一定是AB型的人！一切講求理性的AB型認為「在外國買了一大堆東西，真是累贅，無法享受旅遊的樂趣。」所以空手而歸。（當然此處討論的只是一種「傾向」，而非事實。根據問卷調查結果顯示，半數以上的AB型仍會買禮物回來的。）

了解其他血型的個性、思考模式，才能避免無謂的紛爭，彼此就能愉快的相處。

和O型相處時應注意的事項

O型對人非常厚道，經常結交好友，建立穩固的信賴關係。對朋友也是忠心耿耿、肝膽相照。

O型對親朋好友的態度，絕對使人沒話說，可是相對的，對於不熟的人，警戒心就很強，常常拒人於千里之外，這也是O型的特徵。和O型非親非故的人，O型不會浪費感情在他們身上，也不想上前打交道，只保持不關痛癢的態度。

但也並不意味著和O型相處很困難，雖然一開始O型會保持距離，但只要相處久了，便能體會出O型內心坦率開放的一面，成為最好相處的朋友。

要早些與O型結識，最好的方法是由O型信賴的人介紹。像在商業上有需要與O型交涉時，可透

不同血型給人的印象(1)

媽媽型 B	女中豪傑型 O
女強人型 AB	婦女代表型 A

男性化的女性

剛愎型 B	豪傑型 O
威嚴型 AB	嚴格型 A

有壓迫感型

親切型 B	領袖型 O
擎柱型 AB	領導型 A

上司型

過別人引見，較容易獲得信賴。

O型對人性的觀點有極端的看法，這對O型而言有利也有弊。好的一面是一旦熟識之後，富於包容力，信賴感強，即使關係惡化的家族，朋友之間也能和平相處。

壞的一面是由於朋友意識強烈，對朋友以外的警戒心也強，除非是至親好友，否則協調性很差。

在公司內容易組成一個小團體，也容易執著於這個小團體，這種情形使公司工作小組亂了陣腳，引起派系紛爭，造成嚴重的問題，阻礙公司進步。

還有一點不利的，就是一旦與人熟識之後，自己認為正確的事，也希望對方認同，有時難免態度過於強硬，有咄咄逼人的感覺。這種態度太過分，很可能引人反感，甚至意見無法溝通，人際關係逐

不同血型給人的印象(2)

安靜型		行動型		開朗型	
温和型 B	成熟型 O	急躁型 B	積極型 O	爽朗型 B	活潑型 O
笑容滿面型 AB	客氣型 A	拼命三郎型 AB	誠懇型 A	灑脫型 AB	開明型 A

漸惡化。凡是在公司內想拉攏部屬的上司，必須切實反省這一點。

O型咄咄逼人的氣勢在說話方面也表露無遺。O型說話的特徵是簡單明瞭，有時O型這種特有的說教意味挺惹人厭的。

不過聽到O型的語氣，對方並不會隨聲附和，有時會毫無顧忌地說出自己的意見。O型並不是小心眼的人，只要對方能表達正確的想法，萬事都好解決。

要和O型處得好，建立切實的信賴關係，就必須誠心誠意的交往，千萬不要抱著拍馬屁或虛與委蛇的心理。還有，和O型接觸，偶爾有談笑風生的情形，此時千萬不要被感情所蒙蔽，必須正確的判斷。

不同血型給人的印象(3)

耐力型 B	努力型 O	踏實型 B	率直型 O	安靜型 B	嚴肅型 O
鞠躬盡瘁型 AB	完美型 A	樸實型 AB	誠實型 A	怕生型 AB	沉默型 A
毅力型		認真型		寡言型	

O型確立目標的慾望之強是眾所皆知的事，這點在人際關係方面也充分表現出來。換句話說，交往時會注重對自己是否有利等因素。

對自己有利的話，為了獲得他人的信賴，會不顧一切，用任何手段達到目的，這在公司方面若能有所助益當然最好，否則可能造成與團體脫節的情形。既然有了目的，難免會忽視團體的存在，最後形成我行我素的結果。

如果O型認為對自己沒有什麼好處，常常會拒絕和人交往，若對方很誠意，值得O型信賴，O型也會受感動，結成好友。

和O型爭理或吵架，由於好勝心的驅使，O型會據理力爭，不過，自知理虧時，也會很乾脆地認輸。O型的優點是爭執以後不會採取報復的手段，

不同血型給人的印象(4)

	B	O	AB	A
慷慨型	花得精光型	撒錢型	捐贈型	浪費型
吝嗇型	小氣型	精打細算型	不捨得花錢型	錙銖必較型
忍耐型	固執型	堅持型	努力型	勤苦型

也不容易退縮，但也不是不通情理，仍會認錯。

和A型相處時應注意的事項

A型與人交往的基本態度，保持一種很平靜的關係，不會刺激別人，小心處理四周的關係。對初認識的人也謙和有禮，不與人爭，發揮服務精神。不過，要A型真正敞開心房，恐怕還要等上一段時間。只要真正成為好友，一定剖腹相見。

這種特徵在與外國人交往尤其明顯。表面上服務周到、態度親切，實際上一直不會打開心扉。像日本人就是一個最好的例子。

人際關係方面，A型人頗有原則，也能坦誠相待，對親朋好友與陌生人的交往態度，有很大的不同。在親朋好友的印象裏，不認為A型非常小心謹

不同血型給人的印象(5)

多愁善感型 B	詩人型 O
愛做夢型 AB	浪漫型 A

白日夢型

不和氣型 B	做作型 O
嚴肅型 AB	假正經型 A

難以親近型

熱情型 B	有人情味型 O
奉獻型 AB	體貼型 A

熱情型

慎，相反的，還覺得他們是風趣粗心的人，這都是因為A型在好友面前比較自然之故。

說話的方式，B型的毛病是喜歡先下結論，而A型則會詳細地說出每個細節。他們的特徵就是細心、慎重，不會一概而論。同時與人接觸時也會注意身份的差別，不會亂講話，舉止得體。

A型能設身處地為他人著想，所以對別人的反應很敏感。別人說話時，能一字不漏地記在心底，所以，有事找A型商量，儘可放心交給他去辦。

因為A型相當重視原則和形式，與人相處，也很在意這方面的問題。如果對方稍微失禮，A型會覺得對方沒有信用，否定對方的價值。

另一方面，和熟朋友之間，喜歡糾正別人的舉止，反之，自己被糾正，則顯得不悅。當然與自己

不同血型給人的印象(6)

訂正型 B	説教型 O
批評型 AB	注意型 A

插　嘴　型

了解型 B	盡力型 O
不會拒絕型 AB	勸告型 A

受人之託型

多管閒事型 B	照顧型 O
商討型 AB	幫助型 A

助　人　型

個性不合的朋友，任何血型都不歡迎。然而A型是完美主義者，所以這方面特別明顯。

最後要注意的是，和A型爭吵絕不是最好的解決方法。也不要拖拖拉拉的沒完沒了，這樣只有使情況更惡劣。

倒不如花點時間，大家開誠佈公討論一番，才是上上之策——這也是和A型相處之道。

和B型相處時應注意的事項

B型的人際關係，一言以蔽之，就是不考慮對方，太任性也是很大的缺點。一旦覺得自己對，就不肯讓步，所以，大部份的B型顯得反叛性很強。

雖然表面上看來很難相處，其實，只要稍微接觸，很容易就打開心扉與人交往。成為好友的話，

不同血型給人的印象(7)

濫發脾氣型 B	激烈型 O	暴躁型 B	咆哮型 O	嘲弄型 B	中傷型 O
口角型 AB	牢騷型 A	傷害型 AB	暴發型 A	惹人厭型 AB	諷刺型 A
易怒型		急躁型		長舌型	

更是赴湯蹈火在所不辭。但是，B型向來有自戀的傾向，總覺得自己最優秀，這一點也往往引起別人反感。

B型人和A型人不同，對任何人都不會有差別待遇。A型會因人的身份地位不同而注意自己是否合禮節。B型則上下不分，把每個人都當作朋友看待，結果部屬當然對上司敬仰，但上司對B型部屬就有微詞了。

A型雖然態度和藹，但不易敞開心扉。B型則正好相反，可以說是「門戶開放型」，也不會矯揉造作。

可能是因為B型這種平易近人的個性給人一種不安全的感覺，所以，在社會上有點吃虧。

或許有些B型也不擅與人相處，這是因為他們

不同血型給人的印象(8)

彆扭型 B	固執型 O	實證型 B	理論型 O	科學型 B	信念型 O
不服從型 AB	頑固型 A	分析型 AB	說理型 A	正義型 AB	合理型 A
不乾脆型		堅持型		言論家型	

不太注意別人的感受，常常一意孤行的緣故。如果你奢望B型善解人意，節直緣木求魚，B型在這一點必須特別注意。

B型的優點是人情味濃厚、關心別人、樂於助人，也是不太會用心機的人。和B型相處絕不是困難的事。

B型在談話方面，很喜歡妄下結論，無視於順序及邏輯，不過話題豐富是真的。

B型非常健談，客觀寫實性方面甚為優越，能以巧妙的比喻把對方引進話題之中，富幽默感。

雖說B型是好商量的人，可是涉及他所堅持的某種信念，也不是那麼容易妥協的。和他們爭論無濟於事，倒不如自己改變意見比較好。

不同血型給人的印象(9)

閒聊型 B	團結型 O
溝通型 AB	協調型 A

交往型

創意型 B	獨創型 O
改革型 AB	應用型 A

開發型

起哄型 B	好奇型 O
有趣型 AB	追究型 A

興趣廣泛型

和AB型相處時應注意的事項

AB型的性格特徵，正如前述，屬於雙重性格型。即使進入社會，也保持這種個性。

AB型的雙重性格在好的一面，是待人和氣、個性溫和，與周圍的人相互協調，對人不會有差別待遇。這種人在商場上給別人良好的印象。AB型與任何人都能和平相處，在社會上屬溫和派。

AB型在待人方面儘可能的公平，沒有階級之分，也不會刻意巴結，和任何人之間都保持適當的距離。

雖然好惡強烈，但絕不會顯現於外表。常常隱藏在內心，表現出正直、穩重的模樣。最討厭拖拖拉拉的人情義理。所以辦公事時，如果有AB型參

不同血型給人的印象(10)

閉鎖型		逢迎型		獨來獨往型	
小心型 B	警戒心強型 O	阿諛型 B	奉承型 O	見外型 B	獨立型 O
害怕型 AB	多疑型 A	說好話型 AB	巴結型 A	孤僻型 AB	孤獨型 A

與的事，一定比較順利。

另一種個性是重視興趣、一視同仁。所以私下交往時，只限於有共同的愛好，或說話簡潔的人。尤其不會因私事而影響公事，這也是他們很大的優點之一。

這種個性的ＡＢ型，若純粹從商業來看非常優秀。不過，ＡＢ型一旦被人出賣或欺騙，很容易受傷。有了煩惱，不會表現於外表或行動上，只會事後秘密進行復仇的工作。

與人交往時謙和有禮，任何人都不會對ＡＢ型產生反感。有時ＡＢ型會說出一些挖苦別人的話，這是他的缺點，必須特別注意。

若和ＡＢ型起口角，他們雖然也會據理力爭，但本質上很討厭吵架的，總是儘量避免，因此，常

不同血型給人的印象(11)

暴發型 B	兇惡型 O	散漫型 B	暴躁型 O	我行我素型 B	簡單型 O
復仇型 AB	冷血動物型 A	落伍型 AB	挫折型 A	狹窄型 AB	頑石型 A
令人畏懼型		不適應社會型		難以理解型	

常會心懷怨氣。

和ＡＢ型交往，最重要的一點就是不矯揉做作，坦然交往，尤其不要刻意欺騙或說謊。

ＡＢ型不會給人咄咄逼人的感覺，態度彬彬有禮，是最好相處的一類。

血型和商業相性學

相性本無善惡之分

「我和呂先生大概是投緣吧！和他一起工作，效率總是大增。」

「我每次和他一起開會就吵架，不知道怎麼搞的，大概天生就不合吧！」

諸如此類的話似乎任何場所都可聽到。台灣人是一個講究緣份的民族。字典對緣份所下的定義是：「宿命論認為人與人之間能夠投合，有一種定分。」不知讀者是否都能了解，也有人對緣份的解釋如下：

「一種互相契合與否的人類關係，並不是天生就可決定的。」人類關係的好壞絕不是天生就決定的。

如果事先就決定，人生便非常乏味了。

人與人之間的關係，必須靠努力去做改善，即使有緣，彼此不努力的話，仍然無法相處。相反的，只要肯下功夫，任何不投緣的對象，都可能成為最佳拍檔。

以A型和O型為例。

A型的特徵是慎重，O型則積極，兩者實是很好的搭配。以工作角色來說，有O型的上司，其參謀常是A型。有A型上司，O型常是秘書之類的助手，兩者在工作上可以算是很有緣份。要使兩者之間順利合作，最重要的還是得看雙方的努力。

A型細密的個性如果稍為違誤，很容易就使兩者的關係惡化。

A型和B型的個性，可以說是完全相反。基本上，若從事同樣的工作，正好可以發揮互補的作用，不過，這也端賴兩人的努力來決定。

A型必須了解B型豐富的想像力，B型應該知道A型的小心謹慎，兩者合作起來才不至於礙手。

人與人之間還是要多下功夫才能相處愉快，相信讀者已經認同了。不過努力也有要領，不得要領也是枉然。

最重要的彼此要了解對方是屬於那一種血型，那一種性格，彼此互相包容，隱惡揚善，往正面發展，使負面影響減到最低。

所以，最重要還是要彼此多了解。

如何運用血型改善人際關係

緣份是人與人之間彼此契合的橋樑。所以，影響人類性格的血型，自然與緣份有很大的關係。以下列出各種血型的緣份傾向。

這些傾向只能說是一種歸納，不能一概而論。人與人之間的關係還受其他種種因素所左右。

譬如：立場、上下關係等，都可能改變一個人給別人的印象。

此外，周圍的環境也不容忽視。考慮個人的性格之餘，ＴＰＯ等複雜的因素也要重視。這種傾向只能說是大致如此，不必奉為圭臬。

▼O型與O型

假使兩人有共同的目的、共同的體驗、思想、意識形態，將是很完美的組合。尤其有共同經歷的家庭份子，因命運相同，感覺更是親切。

倘若沒有共同的意識，很容易產生激烈的對抗。彼此很主觀，摩擦自然也多，特別是第一印象惡劣，更容易發生口角。假使彼此有機會共同經歷某事的話，這種反感就會煙消雲散，成為很好的朋友。

兩個O型同事如果年齡、身份相差懸殊，很容易產生信賴感和保護感。O型對能力的優劣相當敏感，自然很重視這種關係，不管是上司或部屬都處得很好。所以同為O型的上下關係，經常都很牢靠的。

▼O型和A型

O型很佩服A型具有自己所沒有的堅忍和謹慎的優點，A型則羨慕O型積極向前的行動力。此外，O型的爽朗給予A型舒服感，A型的細心與體貼則給予O型安全感——這種組合彼此吸引。前面也提過兩者之間具有守護關係。

O型思考靈敏，恰可補足A型的多慮。O型大而化之的態度，正好由小心謹慎的A型彌補，兩者共事的話，是很平衡的一對。

如果是上下關係，O型當上司打頭陣，A型為軍師，或A型為上司，O型在後支持都是很好的組合。

不過，兩人之間仍然有缺點，A型過於鑽牛角尖，O型則無法了解A型在想什麼，不知道A型對自己是否有好感，因而陷於不滿的狀態。兩人的關係就會惡化。雖然相處順利的機會很大，但惡化的比例也很高。

▼O型和B型

O型和B型之間也有守護關係，不過，和A型與O型的情形不同。A型給予O型安慰、鼓勵，是屬於精神方面的契合。O型和B型的話，O型可控制B型自由奔放的性格，同時B型富有創意的構想也可以由O型來實踐。

在工作方面，兩者能成為一支強勁有力的生力軍，尤其在經濟不景氣的時候能突破瓶頸，發揮高度的技巧，這對公司方面有很大的助益。

Ｏ型為上司時，可善加利用Ｂ型，發揮他對工作的熱情；Ｂ型為上司時，Ｏ型在一旁輔佐，都是很好的組合。

Ｏ型與Ｂ型的組合，缺點是約束力和防衛力較弱，Ｏ型如果約束過嚴，會削弱Ｂ型的能力，兩者的關係就不會圓滿。

▼Ｏ型和ＡＢ型

Ｏ型對ＡＢ型的理性感到著迷，ＡＢ型則被Ｏ型的率直和誠實所吸引，兩者之間的關係，可說是建立在幻覺上。

兩者保持一定距離，彼此都能留下好的印象。但如果結婚的話，接觸到彼此的本質，會發現不如原先想像那麼美好，很容易就破裂。

如果彼此不抱著太大的幻想，就工作方面而言，Ｏ型的現實性和ＡＢ型的理性相結合，倒是天衣無縫的一對。

▼A型和A型

A型經常壓抑自己的意見，默默地奉獻自己。A型與A型同事之間的相處通常很平穩，彼此朝共同的目標邁進，互相幫助，在工作上，是最穩固的一對組合。

另一方面，A型對需要決定的行動，譬如：對事情的判斷或決定行動方針，會堅持己見，不肯妥協，因此容易產生衝突。

A型同事之間，雖有共同的目標，但在分擔職務方面最好有所不同，以便減低對立的局面，就算對立，也不至於到最惡劣的情形。

A型和A型，決定了共同的目標，就是一對很有默契的組合，再加上職務明確的話，在工作上將是最佳拍檔。

▼A型和B型

A型和B型無論是工作或行動思考方面，都是完全相反的個性。B型有創意，A型墨守成規。A型保守，B型富攻擊性。A型儘量避免發生紛爭，B型則設法解決。A型愛說話，B型難變通——各方面來看都呈對比。

如果發生辯論，絕不會有結果。即使一同行動一同作業，也會發生摩擦。

雖然在在顯示他們的個性水火不容，但從另一方面來看，若能彼此截長補短，發揮自己的長處，未嘗不是一對極好的組合。尤其能充份了解彼此個性的差異，在工作分擔上稍為用心，效果將會更好。

私底下，A型和B型彼此欣賞。A型所缺乏的自由奔放在B型身上可以找到，所以，對B型特別欣賞。B型認為A型很能體貼，二人能成為很好的朋友。

上下關係方面，若能權利分明，未嘗不是一對好搭檔。

▼A型與AB型

A型和AB型無論是夫婦、戀人、朋友、同事都是無懈可擊的組合。這種關係的好壞取決於AB型，因為AB型處於守護關係，而A型卻很難猜得出AB型的心理。

換句話說，私底下，AB型若存著愛與尊敬，對A型有好感的話，自然會成為親密的一對。相反的，沒有這份心，可能無法一拍即合。

工作方面這種傾向更明顯，ＡＢ型倘若沒有守護的意願，對Ａ型很嚴格，說話也不客氣，則這對組合，無論從那一方面來看，都是Ａ型為上司比較好。

另一方面，Ａ型生性多疑，不太容易相信別人，別人也很難接近他，只有一視同仁的ＡＢ型才能擔負起這個責任。

只要ＡＢ型能積極地發揮守護精神，二人的氣質行動必能相和，無論待人處世都有很好的效果。

▼Ｂ型與Ｂ型

同樣血型的同事，除非年齡、地位有顯著的差別，否則一般都很難彼此吸引，Ｂ型也不例外，何況Ｂ型天生就不喜歡外在的約束，即使處於同一場所，也不會彼此吸引，彼此欣賞。

若是接觸的機會多，無形中會了解彼此的思想方式相近而相契合。同時也不會干涉對方，成為一對穩定的君子之交。

工作方面，兩人是很活潑積極的一對，只是對上司而言稍難駕馭，若是兩人的階級差別很大，只要花些時間也能成為一對好伙伴。

▼B和AB型

AB型講求理性，對於不合理的習慣和現實社會的弊端常常嫉惡如仇。B型則恣意所為，不受拘束，討厭世上的形式和規則。

B型頗能接受AB型冷靜的思考方式，對AB型而言，B型是唯一最容易了解的朋友，尤其在知性方面有如知己。B型覺得AB型與眾不同，見解獨特，二人若彼此了解，將是很完美的組合。雖然個性和興趣不同，只要給予適當的刺激，是頗富知性的一對。

這種組合中，B型對AB型有守護的關係，且較偏向知性。不像O型對B型的守護是偏向感情方面。

工作方面亦然，可從事知性調查或研究事項，唯一的缺點是現實行動方面不夠積極。但影響不大，只要充份發揮知性方面的長處，未嘗不是一對好搭檔。

▼ＡＢ型與ＡＢ型

人與人之間很難有互相傾慕的現象，ＡＢ型的男女甚至彼此厭惡。

日常生活方面，這一對的感情不能說很穩固，彼此各自為政，互不干涉。

工作方面，兩人倒可成為最佳的智囊團。二人都富於知性而且效率高，只是這種例子不多。

ＡＢ型共事，而且有階級差別的話，必能各自做好自己份內的事，發揮所長，保持長久的關係。

血型競爭關係學

競爭關係良好也是工作上的好伙伴

越是好的競爭對手，越能刺激自己向上，這個規則在任何場合、任何職業都是不變的。舉凡歷史上的人物、政治家、學者、企業家、運動員莫不有幾位實力強勁的對手。

任何人想爬上高位，首要條件當然要靠個人的努力和實力，但也不可忽視對手的力量。如果能抱著不服輸的心理奮發圖強，學習對手的長處，彌補自己的短處，俗語說：「他山之石，可以攻錯。」不是沒有道理的。

這裡所說的「好的」對手，必須特別注意，一個好的對手可以斅學相長，但如果成為「壞的」對手，則會互相傷害，有害無益。

人與人之間相處之道，便是彼此了解。俗語說：「知己知彼，百戰百勝。」建立良好的關係是相處的首要條件。

活用競爭關係的上司

不只是企業家、藝術家，就是公務員，若有一個強勁的競爭對手，將會自我提升，增加實力。所以對商人而言，第一件工作就是製造一個競爭對手。

身為上司，應該在公司內建立巧妙的競爭關係，但不是使公司內的同事互相勾心鬥角，也不能毫無章法的彼此傾軋。

譬如：告訴部屬「你絕不可以輸給某某」「誰先訂好契約，誰先升官」諸如此類的話，只會使部屬產生敵對的心理。

最重要的，對有競爭關係的兩人（或三人），一定要公平。這一點AB型上司能做得很好，其他血型則必須多加努力，尤其O型要特別注意。上司常犯的毛病是看到誰有能力，就比較偏袒寵愛誰，這一點要避免。

被冷落的部屬常心懷不滿，有時還把公司搞得烏煙瘴氣，而被寵愛的一方也未必覺得自己幸運。

▼O型對O型的競爭關係

最典型也最激烈的競爭關係當屬O型對O型。O型獨立心、好勝心都很強，再加上主觀的個性，很容易一觸即發。

場合不同，有時能成為志同道合的好同事，有時則變成明爭暗鬥的敵人，結果弄得兩敗俱傷。

最好在公司內，使O型之間抱著相同的意識，共同為公司效力，把敵人定為外人，才能發揮正面的效果。

▼O型對A型的競爭關係

O型的積極與A型的慎重呈互補關係，也是典型的守護關係。兩人若發生決裂的情形，一定是A型被O型的直言所傷，或堅持不讓步。要不然就是O型對A型的表現不滿，有所批評而發生口角。

一般競爭關係處理得不好，最容易受傷的是A型。一旦受傷就更沒有自信，無法發揮實力。

A型有O型的競爭對手，就要多多學習O型的積極精神。O型則應學習A型腳踏實地的作風。

▼O型對B型的競爭關係

O型對B型也有守護關係，彼此都屬於好動的一群，能發揮良好的行動力，也能彼此學習對方的優點。一面尊敬對方，一面與之競爭，是屬於君子之爭。可是O型若不認同B型的優點，一切就不成立，甚至O型會利用B型容易煽動的一面，成為利用關係，而非競爭關係。

要建立良好的競爭關係，首要條件是要有深厚的友情。

▼O型對AB型的競爭關係

如果兩人都很正經，倒是可以建立君子之爭的關係。不過，O型的現實性與AB型的正義感雖能互補，也會產生衝突，O型的好動活潑與AB型的冷漠無情有時水火不容。

▼A型對A型的競爭關係

意見相左時，非常不愉快。雙方都固執己見，譴責對方，毫無妥協餘地。

彼此契合時，不僅工作上能分工合作，還會細心的觀察別人的需要，適時伸出援手，在公司內是很好的搭檔。

不太契合時，身為同事的A型，就變得消極，不能在工作上有所突破。這時上司應該幫助他們，增加他們的自信，彼此交換情報，建立良好的競爭關係。

▼A型對B型的競爭關係

A型和B型的氣質正好相反，思考和行為方式也對立。A型處處配合社會、行動穩重、個性內向。B型則根本無視四周情形，也不考慮對方的心情，一味的任性。

一點都沒有共同之處的A型和B型，出乎意料的卻能建立穩固的友情。人們常對自己所缺乏的性格感到著迷，尤其A型這種傾向更為明顯，與其說是投緣，不如說是互相吸引。

不過，因為行動方面差異太大，無法容忍對方的個性，很容易變成敵對關係，這點兩人都應特別注意。

▼A型對AB型的競爭關係

AB型也有守護關係，擁有主導權。AB型不主動的話，A型很難打入AB型的心中。除非AB型主動，否則兩人只保持冷漠的關係。

A型相當在意別人的感受，AB型卻顯出一副漠不關心的態度，容易惹A型反感。同時AB型看A型那種兢兢業業、固執不通的態度，簡直鈍得和頑石一樣，不要說互相了解，就是互相接近都很難。

A型尤其容易被AB型傷害，這一點兩人都應特別注意。

▼B型對B型的競爭關係

彼此互相欣賞對方的魅力，個性相似，能建立良好的競爭關係，適合單純做實力上的競爭。

彼此都不善與人協調，所以，要兩人同心協力辦一件事也很難，倒不如讓他們各人施展實力，彼此去較量。

▼B型對AB型的競爭關係

B型思考富彈性，AB型講求理性，在思考方面，兩人頗能引起共鳴。興趣方面也很契合，再加上彼此不會暗中算計對方，談起話來也很愉快。

困難之處在於兩人都過於乾脆，因而變成沒有競爭意識，如此就失去了對手的意義，必須時時提醒自己要彼此刺激進步才好。

▼AB型對AB型的競爭關係

彼此都是一副「事不關己」的態度，所以，不會探查對方的隱私，保持良好的距離。

正因為個性過於淡泊，根本無法產生同仇敵愾的情緒，互不相容時，會彼此批評，不理對方。上司最好在他們周圍安排一些別的血型，使他們的關係更複雜一點比較好。

上司和同事之間相處之道

坦率不羈的B型

B型人最大的特徵是有點是非不明，在團體中不注重身份地位的差別，不管年長、年幼、上司、部屬都一視同仁。換句話說，大家都是朋友，所以，上司可能比較不喜歡B型部屬，而部屬卻很喜歡B型上司。

初見面時便稱兄道地，沒有隱私，不太注意小節，交往坦誠。

說話用字方面也不注意，B型不在乎這些，所以很好相處。

即使不小心說錯話，B型也馬上忘記了，絕不會放在心上，或事後報復。

重視節慶的O型

O型似乎比較注重節慶和禮尚往來。有人送禮會非常高興，還禮時小心選擇，當然也很熱心送禮。

重視同事朋友關係的O型，或許認為送禮是最直接的表達方法，如果一個團體有很多O型的話，一定會展開一場送禮大戰。

上司是O型，那麼，節慶時送點小禮物，將是很好的討好方法。不過，只限於有深厚的信賴關係，要不然O型會心生警戒，反而造成反效果。而且只在春節、中秋等重大的節日送禮即可，其他的小節日沒有必要。

倘若交情還不錯，送些貼心的小禮物，將可使友情更進一步，名產等也不錯。O型有一個毛病，就是接到禮物時，滿意與否常會馬上顯露出來，引起他人不悅，所以送禮給對方時，最好選擇不太昂貴、適當的小禮物即可。

當然也有一些上司不喜歡這種禮俗的，這時還送禮的話，反而會使他起疑，必須特別注意。

喜歡阿諛及討厭阿諛的上司

阿諛這個字眼或許不太好聽，但部屬總是想博得上司的好感，並不一定就代表巴結的意思。

最喜歡別人阿諛的是B型。B型本來就容易相信別人，別人一說好話，就會心花怒放。不僅在公司如此，其他私下場合也一樣。

除了大家都知道的事，再去打聽上司私下頗引為自毫的事，譬如：「課長，聽說你下棋下得不錯，好像有三段的實力是不是，真是了不起呀！」這時上司一定回答：「沒什麼，沒什麼，雕蟲小技而已。」笑得樂不可支。

O型也喜歡人家給他戴高帽，但必須在雙方稍有交情之後再去攏絡，否則會吃閉門羹。

相反地，最不喜歡人家巴結的是AB型。AB型向來冷漠無情，態度客觀，正義感強，最不喜歡這種做人情的事。A型也不太喜歡，他不太相信別人，過分親熱的表現會遭來反效果。

公事公辦的AB型上司

AB型當職員，給人謙和有禮的感覺。一當上司時，就給人嚴厲的印象。待人一定公平，事事講理、嚴守規則，也要求員工嚴格遵守規定。

特別在意出席的勤惰——很多人看來業績不錯，卻常遲到早退，AB型會嚴辦這種職員。嚴格的要求，有時會被人批評：「眼中只有上級，沒有部屬。」

個人的知性與自覺不同，表現的態度也迥異，無法斷言有這種傾向的人一定屬於AB型，除了AB型之外，O型和A型也有可能。

O型很喜歡建立起領袖與部屬的關係，一旦當上主管，就擺起架子來，難免疏忽部屬。一心求安定的A型，也常有這種傾向。B型則是不管周圍人的看法，只憑自己的喜好行事。

喜歡熱鬧的O型，善變的A型

O型喜歡結交朋友。請他吃飯等，他不會拒絕，而且能增加感情。O型大部份喜歡和朋友去卡拉OK，一起喝喝酒熱鬧熱鬧。就算比較內向型的O型，也比一般人活潑，有時會露出愛說教的毛病。

A型人也是喜歡和朋友小酌一番，但他和O型人不同，不是一、二次就能接近的人，必須花較長的時間。

或許是A型平常壓抑太久了，一旦喝醉了，簡直判若兩人。平常道貌岸然，正襟危坐，喝醉了就瘋瘋癲癲的，甚至強迫部屬喝酒，令人吃不消。

AB型平常也是一副不可侵犯的樣子，喝醉了同樣醜態百出。

最不會改變，同時給人親切感的是B型。B型向來樂觀大方，也很喜歡呼朋引伴，所以，和B型很容易就能打成一片。

以丑角姿態和A型交往

A型的喜怒哀樂不太表現出來，可是他並不喜歡和他一樣過於安靜的人。尤其私底下反而喜歡開朗的人，所以，要和A型接近，不妨以丑角的姿態出現。

不管是朋友、夫妻之間，A型都很欣賞B型的坦誠、O型的單純。

和A型上司相處，若適時說些笑話，可以博得他的歡心，只是在工作上就必須正經一點，如果過於隨便，A型上司可能不高興。不管怎樣，還是私底下才輕鬆比較好，A型最喜歡的類型是「上班嚴肅，私下活潑的人」。

漸漸蛻變的O型

O型非常在意自己在社會中的立場與地位，一旦地位改變，態度便不一樣。

小時候天真無邪，長大之後，慢慢地獨立心、鬥爭心都顯露出來了，這是標準的O型。一踏入社會，剛開始以新人姿態出現時，一副戰戰兢兢的態度，等到熟能生巧之後，逐漸露出一股懾人的氣勢。他深知自己在新人或孩提時代身份地位的低下，所以常常激勵自己往上爬。

做職員的時候，很聽上司的話，是個忠實的部屬。一旦躍居上位後，便成為一位充滿自信的領導人物，甚至有獨裁的傾向。

靠不住的B型

B型向來好管閒事，又不太喜歡被人約束，屬於自由奔放型。

一旦發現自己有興趣的事，就埋首其中廢寢忘食，常常把過去的事忘得一乾二淨，只關心未來，所以變得有些健忘，其實並沒有惡意。

有些B型上司，剛才還說：「這件事交給你去辦。」過一會兒就忘了。有些同事對他說：「這個禮拜天到我家來玩吧！」到時候他卻忘了，這種多半是B型。你知道他們是這種個性，就不必生氣，責備他們言而無信。他們完全沒有心機。

這一點A型就不一樣了，任何小約定都會牢記在心，如果忘記的話，反而令人不可思議。由此可知A型和B型那一個比較守信用。了解他們的性格之後，就可以減少不必要的誤會。

結婚司儀可找A型

A型小範圍內可以隨機應變。如果周圍有什麼小變化，也會調整步伐，配合情況。所以，婚喪喜慶的場合，選A型人來幫忙，一定能圓滿達成任務，尤其司儀等工作，A型最適合。

不過A型人是無法自由發揮，要不拘形式的人還是選B型，O型則給人穩重的感覺。

ＡＢ型狗急跳牆

無論工作或人際關係，ＡＢ型如果被逼急了，就會全部豁出去。不喜歡暴力，所以盡量避免，一旦走投無路，索性把工作責任全部推掉，所以，最好不要把ＡＢ型逼得太急。

另外，Ａ型也是走極端的，平常雖然一副好好先生的模樣，如果真的無路可走時，也會做出不可思議的事。

速戰速決的Ｏ型

Ｏ型在感情方面喜歡速戰速決，不喜歡拖拖拉拉，即使發生口角，過一會兒就雨過天晴。最典型的Ｏ型是剛才還責罵部屬，馬上又是和顏悅色的上司，或剛才才和同事爭吵，明天又邀同事去喝酒。大部份Ｏ型即使發生激烈的爭吵，最多一個禮拜就和好了。

Ａ型則會懷恨在心。ＡＢ型事後會採取報復的手段。

和事佬找AB型

AB型有奉獻的精神，對任何人都一視同仁，並且不會感情用事，分析客觀、精闢。

如果同事之間有了紛爭，或公司內發生爭吵，不妨找AB型的上司或前輩解決。

喜歡回憶往事的A型

B型常把過去的事忘得一乾二淨。A型正好相反，他們重視過程，喜歡回憶，過去的事通常記得一清二楚。所以，要和A型親近的話，不妨多詢問他一些以前的事，他一定會樂於奉告。

另外，O型也很喜歡回憶過去。

A型的態度隨立場和對象而改變

A型會隨立場、對象不同而改變態度，對公司內、外的人；對同事、晚輩、廠商等，態度、說話、表情都不一樣，也許每個血型都有這種傾向，但A型最明顯，久而久之也就見怪不怪了。

最後的話

最近有很多人問這一類的問題：「我是A型的人，和那種血型最相配呢？」如果對血型學有相當認識的讀者，必然知道這種問題何其愚蠢。本書一直強調的是人與人之間本來就無好壞之分，能不能合得來，完全要看彼此的努力。

很多雜誌上刊登「我要和那一種血型的上司相處，工作才會愉快？」以血型判斷工作上的人際關係，動機固然不錯，但絕不能這麼問。

一些不負責任的江湖術士，最喜歡利用人性的弱點在這方面大作文章，導致人們誤會而曲解血型學的真義。欲建立良好的人際關係，最好還是吸收正確的血型知識。

大展出版社有限公司
品冠文化出版社

地址：台北市北投區(石牌)
致遠一路二段12巷1號
郵撥：01669551<大展>
19346241<品冠>
電話：(02) 28236031
28236033
28233123
傳真：(02) 28272069

圖書目錄

・熱門新知・品冠編號67

1. 圖解基因與DNA		中原英臣主編	230元
2. 圖解人體的神奇	（精）	米山公啟主編	230元
3. 圖解腦與心的構造	（精）	永田和哉主編	230元
4. 圖解科學的神奇	（精）	鳥海光弘主編	230元
5. 圖解數學的神奇	（精）	柳谷晃著	250元
6. 圖解基因操作	（精）	海老原充主編	230元
7. 圖解後基因組	（精）	才園哲人著	230元
8. 圖解再生醫療的構造與未來		才園哲人著	230元
9. 圖解保護身體的免疫構造		才園哲人著	230元
10. 90分鐘了解尖端技術的結構		志村幸雄著	280元
11. 人體解剖學歌訣		張元生主編	200元

・名人選輯・品冠編號671

1. 佛洛伊德	傅陽主編	200元
2. 莎士比亞	傅陽主編	200元
3. 蘇格拉底	傅陽主編	200元
4. 盧梭	傅陽主編	200元
5. 歌德	傅陽主編	200元
6. 培根	傅陽主編	200元
7. 但丁	傅陽主編	200元
8. 西蒙波娃	傅陽主編	200元

・圍棋輕鬆學・品冠編號68

1. 圍棋六日通	李曉佳編著	160元
2. 布局的對策	吳玉林等編著	250元
3. 定石的運用	吳玉林等編著	280元
4. 死活的要點	吳玉林等編著	250元
5. 中盤的妙手	吳玉林等編著	300元
6. 收官的技巧	吳玉林等編著	250元
7. 中國名手名局賞析	沙舟編著	300元
8. 日韓名手名局賞析	沙舟編著	330元

・象棋輕鬆學・品冠編號 69

1.	象棋開局精要	方長勤審校	280 元
2.	象棋中局薈萃	言穆江著	280 元
3.	象棋殘局精粹	黃大昌著	280 元
4.	象棋精巧短局	石鏞、石煉編著	280 元

・生活廣場・品冠編號 61

1.	366 天誕生星	李芳黛譯	280 元
2.	366 天誕生花與誕生石	李芳黛譯	280 元
3.	科學命相	淺野八郎著	220 元
4.	已知的他界科學	陳蒼杰譯	220 元
5.	開拓未來的他界科學	陳蒼杰譯	220 元
6.	世紀末變態心理犯罪檔案	沈永嘉譯	240 元
7.	366 天開運年鑑	林廷宇編著	230 元
8.	色彩學與你	野村順一著	230 元
9.	科學手相	淺野八郎著	230 元
10.	你也能成為戀愛高手	柯富陽編著	220 元
12.	動物測驗—人性現形	淺野八郎著	200 元
13.	愛情、幸福完全自測	淺野八郎著	200 元
14.	輕鬆攻佔女性	趙奕世編著	230 元
15.	解讀命運密碼	郭宗德著	200 元
16.	由客家了解亞洲	高木桂藏著	220 元

・血型系列・品冠編號 611

1.	A 血型與十二生肖	萬年青主編	180 元
2.	B 血型與十二生肖	萬年青主編	180 元
3.	O 血型與十二生肖	萬年青主編	180 元
4.	AB 血型與十二生肖	萬年青主編	180 元
5.	血型與十二星座	許淑瑛編著	230 元

・女醫師系列・品冠編號 62

1.	子宮內膜症	國府田清子著	200 元
2.	子宮肌瘤	黑島淳子著	200 元
3.	上班女性的壓力症候群	池下育子著	200 元
4.	漏尿、尿失禁	中田真木著	200 元
5.	高齡生產	大鷹美子著	200 元
6.	子宮癌	上坊敏子著	200 元
7.	避孕	早乙女智子著	200 元
8.	不孕症	中村春根著	200 元
9.	生理痛與生理不順	堀口雅子著	200 元

10. 更年期　野末悅子著　200 元

・傳統民俗療法・品冠編號 63

1. 神奇刀療法　潘文雄著　200 元
2. 神奇拍打療法　安在峰著　200 元
3. 神奇拔罐療法　安在峰著　200 元
4. 神奇艾灸療法　安在峰著　200 元
5. 神奇貼敷療法　安在峰著　200 元
6. 神奇薰洗療法　安在峰著　200 元
7. 神奇耳穴療法　安在峰著　200 元
8. 神奇指針療法　安在峰著　200 元
9. 神奇藥酒療法　安在峰著　200 元
10. 神奇藥茶療法　安在峰著　200 元
11. 神奇推拿療法　張貴荷著　200 元
12. 神奇止痛療法　漆 浩 著　200 元
13. 神奇天然藥食物療法　李琳編著　200 元
14. 神奇新穴療法　吳德華編著　200 元
15. 神奇小針刀療法　韋丹主編　200 元
16. 神奇刮痧療法　童佼寅主編　200 元
17. 神奇氣功療法　陳坤編著　200 元

・常見病藥膳調養叢書・品冠編號 631

1. 脂肪肝四季飲食　蕭守貴著　200 元
2. 高血壓四季飲食　秦玖剛著　200 元
3. 慢性腎炎四季飲食　魏從強著　200 元
4. 高脂血症四季飲食　薛輝著　200 元
5. 慢性胃炎四季飲食　馬秉祥著　200 元
6. 糖尿病四季飲食　王耀獻著　200 元
7. 癌症四季飲食　李忠著　200 元
8. 痛風四季飲食　魯焰主編　200 元
9. 肝炎四季飲食　王虹等著　200 元
10. 肥胖症四季飲食　李偉等著　200 元
11. 膽囊炎、膽石症四季飲食　謝春娥著　200 元

・彩色圖解保健・品冠編號 64

1. 瘦身　主婦之友社　300 元
2. 腰痛　主婦之友社　300 元
3. 肩膀痠痛　主婦之友社　300 元
4. 腰、膝、腳的疼痛　主婦之友社　300 元
5. 壓力、精神疲勞　主婦之友社　300 元
6. 眼睛疲勞、視力減退　主婦之友社　300 元

・休閒保健叢書・品冠編號 641

1.	瘦身保健按摩術	聞慶漢主編	200 元
2.	顏面美容保健按摩術	聞慶漢主編	200 元
3.	足部保健按摩術	聞慶漢主編	200 元
4.	養生保健按摩術	聞慶漢主編	280 元
5.	頭部穴道保健術	柯富陽主編	180 元
6.	健身醫療運動處方	鄭寶田主編	230 元
7.	實用美容美體點穴術＋VCD	李芬莉主編	350 元

・心 想 事 成・品冠編號 65

1.	魔法愛情點心	結城莫拉著	120 元
2.	可愛手工飾品	結城莫拉著	120 元
3.	可愛打扮 & 髮型	結城莫拉著	120 元
4.	撲克牌算命	結城莫拉著	120 元

・健康新視野・品冠編號 651

1.	怎樣讓孩子遠離意外傷害	高溥超等主編	230 元
2.	使孩子聰明的鹼性食品	高溥超等主編	230 元
3.	食物中的降糖藥	高溥超等主編	230 元

・少 年 偵 探・品冠編號 66

1.	怪盜二十面相	（精）	江戶川亂步著	特價 189 元
2.	少年偵探團	（精）	江戶川亂步著	特價 189 元
3.	妖怪博士	（精）	江戶川亂步著	特價 189 元
4.	大金塊	（精）	江戶川亂步著	特價 230 元
5.	青銅魔人	（精）	江戶川亂步著	特價 230 元
6.	地底魔術王	（精）	江戶川亂步著	特價 230 元
7.	透明怪人	（精）	江戶川亂步著	特價 230 元
8.	怪人四十面相	（精）	江戶川亂步著	特價 230 元
9.	宇宙怪人	（精）	江戶川亂步著	特價 230 元
10.	恐怖的鐵塔王國	（精）	江戶川亂步著	特價 230 元
11.	灰色巨人	（精）	江戶川亂步著	特價 230 元
12.	海底魔術師	（精）	江戶川亂步著	特價 230 元
13.	黃金豹	（精）	江戶川亂步著	特價 230 元
14.	魔法博士	（精）	江戶川亂步著	特價 230 元
15.	馬戲怪人	（精）	江戶川亂步著	特價 230 元
16.	魔人銅鑼	（精）	江戶川亂步著	特價 230 元
17.	魔法人偶	（精）	江戶川亂步著	特價 230 元
18.	奇面城的秘密	（精）	江戶川亂步著	特價 230 元
19.	夜光人	（精）	江戶川亂步著	特價 230 元

國家圖書館出版品預行編目資料

血型與職業／萬年青主編
－初版－臺北市，品冠文化，民97.12
面；21公分－（血型系列；6）
ISBN 978-957-468-655-1（平裝）
1. 血型　2. 性格　3. 職場成功法
293.6　97019063

血型與職業　ISBN 978-957-468-655-1

主 編 者／萬 年 青
發 行 人／蔡 孟 甫
出 版 者／品冠文化出版社
社　　址／台北市北投區（石牌）致遠一路2段12巷1號
電　　話／(02) 28236031・28236033・28233123
傳　　真／(02) 28272069
郵政劃撥／19346241(品冠)
網　　址／www.dah-jaan.com.tw
E-mail／service@dah-jaan.com.tw
承 印 者／國順文具印刷行
裝　　訂／建鑫裝訂有限公司
排 版 者／千兵企業有限公司
初版1刷／2008年（民97年）12月

定　價／180元

大展好書　好書大展
品嘗好書　冠群可期

大展好書　好書大展
品嘗好書　冠群可期